性暴力についてかんがえるために

Saito Azusa
齋藤 梓

はじめに

「性暴力について関心をいだきはじめた人に向けた本を、書いてみませんか」

そうした内容のお声をかけていただいたのは、2022年の夏頃だったように記憶しています。

性暴力の問題は、ここ数年で、さらに関心が広がっていると感じていました。

それは、第一には、被害に遭った当事者の方々が傷つきを負いながらあげた声が、社会に届いたからだと思っています。

また、その後ろには、声をあげることが難しい、とても多くの被害当事者の方もいらっしゃいます。

そのように、性暴力について社会の関心が高まっており、また、これから性犯罪の法律も変わるかもしれないという時でしたので、ぜひ、とおこたえをいたしました。

「性暴力についてかんがえるために」というタイトルにもありますとおり、この本は、性暴力の問題を考えるときに、知っていただけるとよいのでは、と思われる、本当に基本的な内容を記した本になります。

そのため、これまで性暴力に関心を持っていた方にとっては、すでに知っていることばかりかもしれません。

しかし、本書の中でも記していますが、社会の中には、性暴力に対する誤った認識が存在します。

そうした誤った認識に左右されずに、性暴力について考えていくために、これだけは知っていただけるとよいのではという内容にしました。

次のようなことです。

・関係性の中で行われるために、それが暴力だということに気が付きにくい「性的手なずけ（性的グルーミング）」について
・長く問題にされてきた、性暴力における「抵抗」という問題
・いまだに「どうして早く相談しなかったのか」などの二次的被害が絶えない、「相談することの難しさ」の問題
・性暴力についてなにができるか、私自身が考えていること

この本を手に取ってくださったおひとりおひとりにとって、本書が、性暴力の問題を考えていくときのヒントになりましたら有り難いと思っています。

しかし、性暴力の問題は、知れば知るほど、考えれば考えるほど、自分がいかに知らなかったのかと痛感するような問題です。

私も、まだまだ、知らないこと、気付いてないこと、考えられていないことがたくさんあります。

そのため、本書は本当に基本的なことだけで、必要だけれど書かれていないこともたくさんあります。

この本の内容から、さらに学んでみたい、知ってみたいと思われた方は、被害当事者の方の手記を読んだり、専門的な本を読んだり、講演を聞いたりと進んでいっていただけたら、支援に携わる者として、嬉しく思います。

性暴力は、とても身近な暴力です。しかし、その影響はとても深刻です。社会の中の、性暴力に対する誤った認識は、性暴力による心身への影響を、悪化させる要因となります。

一方、周りの人々が性暴力について適切に知っていることは、心身への影響を緩和させる要因となります。

本文でも触れているのですが、性暴力のない社会を目指すために、あるいは、性暴力の被害を受けた人が生活しやすい社会になっていくためには、ひとりでも多くの方が、関心を持ち、理解を深めていくことが大切だと考えています。

被害を受けた人が、二重三重に傷つけられることがない社会になってほしいと、心から願っております。

＊

なお、この本では、『性暴力被害の実際——被害はどのように起き、どう回復するのか』（齋藤梓・大竹裕子編著、金剛出版）から引用した記述もあります。そちらの本には、多くの性暴力の被害当事者の方々がインタビューに協力してくださった、研究の結果がまとめてあります。被害当事者の方々が語ってくださった内容が多くの人に届いてほしいと思って出版した本です。

被害当事者からみた性暴力とはどのようなものか、その後の影響、回復はどのようか、さらに知って考えたいと思っていただけましたら、もしよろしければお手に取ってご覧ください。

本書をお読みになる前に

★…この本には、性暴力の具体的な内容が書かれています。記事から引用したものと、既刊書（『性暴力被害の実際』を含む）から引用したもの以外は、個人が特定されない、抽象化された性暴力をとりまくパターンを書いています。

★…性暴力についての記述を読むことで、気分が悪くなったり、ざわざわしたり、自分の過去の経験を思い出して動揺したり、社会やその他のことに怒りがわいてきたり、さまざまな気持ちになるかもしれません。

それは、自然なことだと思います。

もし気持ちが動揺したときは、本を閉じて、本から離れて、少し気持ちが落ち着くようなことをしてみてください。

温かいお茶を飲んだり、散歩をしたりすることも、気持ちを落ち着かせるのに良いかもしれません。

もくじ

第2章 ずっと「抵抗できなかったとは言えない」と言われてきた

第3章 そのことが「性暴力」だと気付き、誰かに相談する難しさ

第4章 性暴力のない社会を目指すために

性暴力についてかんがえるために

第1章

「性的手なずけ（性的グルーミング）」を知っていますか

盗撮・面会要求も対象

強制性交罪の公訴時効
5年延長、15年に

性犯罪規定を見直す要綱案は性犯罪の処罰要件変更のほか、盗撮行為を規制する「撮影罪」や、わいせつ目的で16歳未満の若年者に面会を要求する行為などを処罰する罪の新設が盛り込まれた。

撮影罪は性的な部位や下着などを盗撮したり、わいせつなものではないと誤信させて撮影したりする行為を処罰対象とした。盗撮は主に都道府県の条例で禁じられ、地域により対応が異なっていた。法律で規定し統一的な規制を図る。

わいせつ目的で16歳未満に繰り返し面会を要求したり、金銭を渡して会うことを求めたりした場合、1年以下の拘禁刑または50万円以下の罰金を科すとした。SNS（交流サイト）などを通じた子どもへの性被害を防ぐ狙いがある。

性交同意年齢は現行の13歳から原則16歳に引き上げる。13歳未満に対する性行為は同意の有無にかかわらず処罰するとしたうえで、被害者が13～15歳の場合は、加害者が5歳以上年上の場合に処罰対象とした。

要綱案はほかに、強制性交罪・準強制性交罪の公訴時効を現行の10年から5年延長し、被害者が18歳になるまでの期間を加算するとした。性被害を認識したり訴え出たりするまでには一定の時間が必要な実態を考慮した。

2023年2月4日「日本経済新聞」社会面より

※法制審議会が取りまとめた、刑法の性犯罪規定の見直し内容（一部）の報道。なお、この内容を含む改正刑法の成立は、2023年6月17日（本文参照）。

2023年6月、「面会要求等罪」が成立

ここのところ、「性的手なずけ（グルーミング）」という言葉が、日本の社会でもよく知られるようになりました。

この言葉は、性暴力の加害のプロセスのひとつを意味するもので、子どもを対象とした性暴力の研究では、以前から知られていました。

しかし、日本にはこれまで、「性的手なずけ」を明確に示し、罰する法律がありませんでした。

2023年6月、性犯罪について、大きな改正が行われました。

その改正で新設された罪の一つに、16歳未満の子どもに対する面会要求などの罪、「面会要求等罪（めんかいようきゅうとうざい）」＊があります。

この犯罪は、わいせつ目的で、子どもに対して脅（おど）したり嘘（うそ）をついたり、金銭など何か利益を与える約束をしたりして、会おうと要求すること、あるいは、

＊面会を要求しただけで、1年以下の拘禁（こうきん）刑か、50万円以下の罰金を科されます。また、実際に面会すれば、2年以下の拘禁刑か、100万円以下の罰金を科されます。

やはりわいせつ目的で、こばまれたのにもかかわらず、何度も繰り返し会おうと要求することを指します。

また、子どもに対して、子ども自身の胸や性器を、写真や動画に撮って送るように要求することも「面会要求等罪」になります。

この新たな罪が成立するにあたり、性犯罪の改正について話し合われた、法制審議会*刑事法（性犯罪関係）部会において、「わいせつ目的」であることをどのように明らかにするのかなど、運用の難しさが指摘されました。

一方で、「性的手なずけ（性的グルーミング）」と呼ばれるプロセスの一部を捉えるものとして期待される意見もありました。

「性暴力」「性犯罪」「性加害」「性被害」

「性的手なずけ」の話の前に、「性暴力」と「性犯罪」、「性加害」と「性被害」という4つの言葉について説明をさせてください。

＊法制審議会は、法務大臣の諮問（意見を尋ねること）に応じて、基本的な法律の事項を調査し、協議して答申する法務省の付属機関です。審議会の委員は、大学教授など学識経験者の中から選ばれます。

〝私のからだ〟は〝私のもの〟であり、自分のからだに関することは、自分自身で決める権利があります。からだの自己決定権です。

そして、私たちには、いつ、どこで、だれと、どのような性的関係をもつのかを決める権利、性的自己決定権もあります。また、いつ、どこで、だれに自分のからだを見られるかも、自分が決めて良いことです。

望まない性的な行為は、「性暴力」です。

「性被害」という言い方もされます。しかし、加害者の「暴力」であるということを明確にするためには、「性暴力」という表現が使われます。英語では、〝sexual violence〟と表記されるため、「性暴力」という表現が、私自身はしっくりときます。

また、最近は、「性被害」では加害者の存在が見えにくくなるため、「加害」であることに焦点を当てるという意図などから、「性加害」という表現も使われます。

一方で、「性犯罪」は、法律で定められた範囲での「性暴力」となります。

法律では、どのようなことが「性犯罪」となるかが定められており、その法律に基づいて加害者は処罰されます。

私たちの生活は、法律に守られています。

しかし、「性犯罪」は「性暴力」のすべてをカバーするものではありません。2023年6月に、性犯罪に関する刑事法改正が成立し、「同意しない意思」という言葉が法律の文章に入った*ものの、それでも、「性犯罪」として対応されない「性暴力」はまだ存在しています。

「性的手なずけ」については、先ほど述べた通り、2023年6月に成立した改正刑法で、その加害プロセスの一部が、法律によって捉えられるようになりました。

しかしそれは、やはりすべてではなく、一部ということになります。

それでも、少なくとも16歳未満の子どもたちについて（13歳以上16歳未満の場合は、5歳以上年の離れた大人からという制限はありますが）、わいせつ目

* 刑法176条、および刑法177条。くわしくは、第2章（39ページ）参照。

的での悪質な面会要求が犯罪であるとされたこと、わいせつな自画撮り（じがど）の送付要求が犯罪であるとされたことは、大切な第一歩だと考えています。

避けることが難しい状況に追いこまれる――Aさんの場合

私はこれまで、民間被害者支援機関を中心に、公認心理師・臨床心理士として、教育や医療などさまざまな現場で、性暴力・性犯罪被害当事者の方々に、お会いしてきました。

また、当事者と支援者の団体の研究に参加させていただいたり、被害を受けた人の心理や心理支援に関する研究の一環で、当事者の方々にお話をうかがったりしてきました。

研究のインタビューでうかがい、研究結果をまとめた書籍*でご紹介した事例を、引用させていただきます。

このAさんは、母親の恋人から継続的な性虐待（ぎゃくたい）を受けていました。被害が始まった小学生の頃のことについて、次のように語っています。

＊ 齋藤梓・大竹裕子編著『性暴力被害の実際――被害はどのように起き、どう回復するのか』（金剛出版、2020年）

> 一番最初は、足をマッサージしてるみたいな感じだったと思うんですけど。（中略）だからそのときはそんなに疑ってなかったんですけど、何か、それがだんだんこう、上に上がってって、ちょっとずつ、ちょっとずつみたいな。（中略）結構な長期間をかけてだったと思います。で、最初は何かの気のせいかと思ってて、あの、もともとそんなに警戒してなかったので。で、それが、だんだんだんだん、どうみたいな。
>
> （Aさん・20代）

この方は、気が付いたときには行為がエスカレートし、避けることが難しい状況に追いこまれていました。

加害者は被害当事者に対し、おこづかいをあげたりなどしており、今思い返すと口封（くちふう）じだったのかもしれないと、Aさんは語っていました。

このAさんのケースでは、「性的手なずけ」のプロセスが見られます。

では、あらためて「性的手なずけ」について説明をしていきます。

「性的手なずけ」は、英語では“sexual grooming”あるいは“child grooming”という言葉で表記されています。

このgroomingという言葉は、辞書では、次のように意味が説明されています。

グルーミング（grooming）

1 髪・ひげ・からだなどを清潔に手入れすること。

2 同種の個体間で皮膚・毛・羽毛をつくろい清掃してやる行動。ニホンザルでは個体間の社会関係の確認のために重要な役割をもつとされる。のみとり。毛繕い。羽繕い。

3 性的行為を目的として、大人が子供と親密な関係を結ぼうとすること。

（小学館『デジタル大辞泉』より）

「1」は、日本語（外来語）として現在一般にあまり使われてはいないかもしれませんが、「2」は、動物を飼っておられる方はご存じのように、一般的に使われています。

このようにgroomingは、動物に接している方々にとって、もともと大切な行動を示す言葉でした。

いま問題なのは、「3」の意味です。

1990年代には、アメリカの研究者を中心に、「児童への性的虐待（Child sexual abuse）」のひとつとして、「Child grooming」に関する研究が行われています（欧米での「児童への性的虐待」は、家庭外の加害者も含む言葉です）。

2000年代にはインターネット上で行われる「Online grooming」の存在も指摘されていますし、いくつかの国では、すでに、「(Child) Grooming」が「犯罪」として法律に規定されています。

けれども日本では、犯罪心理に携わる研究者や、心理職以外には、あまり知られていませんでした。それは、けっして、そうした犯罪がなかったということではありません。むしろ、子どもを対象とした性暴力ではよく発生していましたが、社会で知られていなかったのです。

その責任の一端は、この性暴力プロセスを社会に広く伝えてこなかった、私たち研究者にあるとも考えています。

「性的手なずけ」とはどのようなことか

では、「性的手なずけ」とはどのようなことでしょうか。

「性的手なずけ」は、１９９０年代にはすでに研究が行われていた概念ですが、そのプロセスは複雑で、長く、全体をしっかりととらえた、かつ、明確でシンプルな定義というものは、存在しませんでした。

そのようななか、米国の研究者ウィンターズ*らが、さまざまな研究をまとめて、性的グルーミングには４つの対象と５つのプロセスがあると述べました。

まず対象は、次の通りです。

1. 組織／コミュニティ
2. 家族
3. 自分
4. 子ども

* Georgia M. Winters（米国フェアリーディキンソン大学心理学部・カウンセリング学部）。２０２１年、他の２人の研究者との共同論文で発表。

ひとつひとつ見ていきます。

まず、「組織／コミュニティ」です。

子どもに対して性暴力を行う加害者は、子どもたちに接することの多い職業、たとえば地域のクラブチームのコーチ、習い事の先生、学校の先生、ベビーシッターなどの仕事や、ボランティアにつき、そのコミュニティの中で信頼を得ていくことがあります。まじめに仕事をし、周囲の人々に尊敬されるようになる人もいます。

そうして、コミュニティ全体を手なずけていきます。子どもたちに接しやすくなるような、コミュニティでのルールや制度を利用することもあります。

もちろん、コーチ、習い事の先生、学校の先生、ベビーシッターなど、子どもに接する職業についているほとんどの人は、子どもを慈しみ育てる気持ちがあり、子どもを虐げる意思はありません。

そして、どのような職業であっても、子どもに性暴力を行う加害者はいます。

この例は、あくまでも、性的手なずけを行う加害者がとる手段の説明です。

次に、「家族」です。

加害者は、子どもたちの家族と親しくなり、家族も手なずけていくことがあります。家族の相談に乗ったり、家族から信頼されるようになっていきます。そうすることで、たとえば、子どもと二人きりになることを家族から反対されない、それどころか、家族は信頼して、加害者に子どもを預けるということが生じます。

また、子どもは、家族が加害者を信頼している様子から、被害や、被害だとは気が付いていないけれど、違和感がある、イヤな感じがする、ということについて、家族に話せなくなります。家族は、自分よりも加害者を信じるのではないかと思ったり、家族が信じている人の悪口を言うのは気が引けたりするからです。

「組織／コミュニティ」や「家族」への手なずけは、「子ども」への手なずけをしやすくするためのもので、必ずあるわけではありませんが、多くの場合にみられます。

そして「自分」、つまり加害者は自分自身に対しても、性行動へ手なずけを行っていきます。

これはつまり、自分の行動を正当化するということです。

子どもに性暴力を行う加害者が、「自分たちは愛し合っていたんだ」「これは暴力ではない、愛情だ」「かわいがっていただけだ」「相手だって喜んでいた」「自分が性的な体験を教えてあげたんだ」などと述べることがあるそうです。

これは、自分の行っている行為は暴力ではない、子どもを傷つけているわけではないと、自分自身を正当化していった結果ではないかと推測されます。

最後に「子ども」です。

子どもたちをどのように手なずけていくかは、次の、５つのプロセスの中で説明します。

子どもたちを「手なずけていく」プロセス

第一段階として、自分が加害をできそうな子どもを探します。

自分が接触しやすい子ども、養育者の目が届きにくい状態の子ども、さびしさや悩みを抱(かか)えていて、大人に認められることを望んでいる子ども、そうした子どもたちを探します。

しかしもちろん、どんな子どもも、さびしさや悩みを抱えます。共働きが通常の現在、養育者や大人の目は、いつでも子どもに届くわけではありません。本来ならば、どのような状態であっても、子どもたちは安全に生活していく権利があります。責任は、加害をした者にあります。

なお、近年、ＳＮＳ（ソーシャルネットワークサービス）が発達し、加害者は子どもたちへの接触が容易になっています。一度にたくさんの子どもたちを見て、ＳＮＳへの書き込みから、接触しやすそうな子どもを選択するのです。「Online grooming」というSNS上での性的手なずけは、大きな問題となっています。

第二段階として、子どもに近づき、他の人から隔離します。

たとえば、塾で一人だけ居残りで勉強をするように誘う、別の日に特別指導をすると誘う、学校の教員が放課後に自分の授業の手伝いをさせる、家でゲームをしようと誘う、親から離れたキャンプに誘う、といったように、二人きり、あるいは子どもだけの状況を作り出します。

また、物理的に隔離するのではなく、心理的に引き離していく場合もあります。たとえば、

「周りの人はあなたのことをわかっていない」

「あなたががんばっているのは私だけが知っている」

「私はあなたのことをわかっている」

「友だちはあなたのことを嫌っているのかもしれない」

といったメッセージを伝えて、周囲の人と引き離していきます。

SNSでは、ダイレクトメッセージの機能などを使って、ほかの人の目の届かない場所で子どもと接触し、家やカラオケに誘い出すということも起きています。

第三段階として、子どもと信頼関係、愛情関係を築いていきます。

子どもとコミュニケーションのスタイルを合わせたり、子どもたちの好きなことや趣味に関心を示したりします。

子どもたちに熱心に指導をすることもみられます。たとえば、子どもたちとSNSなどで毎日、挨拶（あいさつ）をして、「がんばっているね」と伝え、悩みを聞き、子どもに「この人はわかってくれる」という感覚を与えます。

「こんなに話が合う人はいないよ」

「あなたと話していると楽しい」

「私たちはすごく好みが似ているね」

と伝えるなど、「私はこの人にとって特別なんだ」という感覚を、子どもに抱（いだ）かせることもあります。

時には、好意を伝えて恋愛関係になることもあります。ほめて、子どもから信頼や愛情を得て、子どもを自分に依存（いぞん）させていくプロセスです。

第四段階として、性的なことに慣れさせます。

たとえば、小学校高学年から中学生くらいの子どもは、性的なことにも興味を示します。そうした興味を引き出し、性的な話をしたり、軽い性的な接触をしたりします。

子どもたちは興味を惹（ひ）かれて、相手に対して「大人の世界を教えてくれる人だ」「こんな話ができるなんて、私たちは特別なんだ」と思うこともあります。あるいは、性的な話に最初は驚いても、「こうしたことに慣れるのが大人なんだ」と思わされることもあります。

または、マッサージをしたり、くすぐりあいをしたり、膝（ひざ）にのせたり、軽いボディタッチをするなど、一見、性的に見えない身体接触をして、性的な接触に対する子どもたちの感覚を鈍（にぶ）らせたり、拒否しにくくさせていきます。時には、遊びや励ましの一環でからだをさわったり、服の上から胸や性器をさわることもあります。

第五段階は、加害行為を継続していく段階です。

子どもたちを徐々（じょじょ）に手なずけて、性加害をした後、加害者は、子どもたちに

やさしく接します。「これは愛情だ」と伝えることもありますし、「これは二人だけの秘密だ」と伝えることもあります。あるいは、何か物を買ってあげるなどをする場合もあります。

または、「このことが知られたら、家族がひどい目にあうよ」など、脅したりもします。

そうして、子どもたちが性加害をほかの人に言えないように、加害行為を継続できるように、手なずけを継続していきます。

このような5つのプロセスが「性的手なずけ（性的グルーミング）」のプロセスです。

加害者は子どもからの信頼を利用する

私は、臨床心理学の研究者のほか、看護学、医学など関連する分野の専門研究者とともに、2017年から、性暴力被害に関する質的研究プロジェクトを進めています（現在は、男性や性的マイノリティの方々で、望まない性的な経験をした方へのインタビュー調査もしています）。

このプロジェクトでは、多くの方から、望まない性的な経験のお話を聞かせていただいています。

先ほどのAさんのお話[＊]も、その一つです。

Aさんの加害者が行ったプロセスは、まさしく、性的手なずけのプロセスだと考えられます。性的手なずけは、親や親族、親の恋人、学校の教師や習い事の先生、塾の講師、キャンプのインストラクターなど、見知った人からもよく行われます。

加害者は、先ほど述べたとおり、いずれも、やさしい言葉をかけたり、悩みを聞いたりして、信頼させることで子どもの依存心（いぞんしん）を引き出します。

〝わたしのことをわかってくれるのは、この人だけ〟と思いこませるのです。その信頼関係は、子どもから見たら、本当の信頼関係です。その大人を信頼した子どもの気持ちは本当です。

信頼することは、何も悪いことではありません。

＊ 8ページ参照。

自分に優しくしてくれる人に、好意を持つことも悪いことではありません。悪いのは、その子どもからの信頼を、性加害に利用した加害者です。

感情や存在がバラバラになるような

信頼していた大人から性加害をされた場合、子どもたちは、その行為を「愛情だ」と思う場合もあります。

あるいは、「何かおかしいな」と思う場合もあります。

あるいは、困惑や恐怖、嫌悪感（けんおかん）を抱く場合もあります。

子どもたちの反応はさまざまです。

しかし多くの場合、自分に加害をおこなったその人を、すぐに嫌いになることは、子どもたちにとってとても難しいことです。

なぜならば、相手は、自分の信頼している、自分にとって大切な人だからです。信頼している相手からおこなわれた行為だからこそ、それを暴力だと思うことは難しいのです。

時間が経って、あるいはほかの件が発覚して、あるいはおかしいなと思ったことを周囲の人に相談して、「それは〝暴力〟だった」と明らかになったあとも、子どもたちの気持ちは、時に、大きく揺れ動きます。

相手を信じたい気持ち、相手への怒り、自分の価値が性的なものしかないような感覚、相手に裏切られた気持ち、それでも敬愛する思い、さまざまな思いが生じます。それは、自分の感情や存在がバラバラになるような痛みを伴うかもしれません。

あるいは、自分は同意をしていた、自分も共犯者だったかもしれない、相手だけが悪いのではない、という思いが出ることもあります。

相手への愛情も、信頼も、子どもにとっては本当の感情です。

そして、加害者との関係は、性加害だけではなく、多くは優しくしてもらった、認めてもらったという関係であったりします。

だからこそ、加害者への思いの複雑さは、頭ごなしに否定されることなく、ていねいに聴かれ、受け止められ、対応されることが大切です。

そのうえで、何が暴力なのかを話しあっていきます。

「性的手なずけ」がもたらした影響から脱していくには、長い月日がかかる場合もあります。

まだ発達途上の子どもたちにとって、信頼している相手からの性加害は、自尊心や社会への信頼を大きく崩すできごととなるのです。

子どもを守るために

子どもがこうした被害に遭（あ）うきっかけは、さまざまです。塾の先生や習い事の先生、学校の先生といった人々が、性加害をする人かどうか、周りの人たちにはわかりません。

また、ＳＮＳで出会った人が、自分を性的に搾取（さくしゅ）しようとしているかどうかを、子どもたちが判断することは難しいです。つまり、子どもを性暴力から守ること、特に性的手なずけから守ることは、とても難しいことなのです。

しかし、法整備は一定の力を発揮します。

加害をする人が、刑法上の罪になったことで加害をしなくなるかはわかりませんが、少なくとも、子どもをわいせつな目的で誘い出すことは悪いことだ、ということが、社会に周知されます。

また、大人たちが、性暴力とは何か、性的手なずけとは何かを知り、子どもたちの安全を考えることも大切です。

たとえば、

・子どもへの指導のときは、必ず二人体制をとる。
・個別指導が必要なときも、子どもを一人で残すのではなく、なるべく、複数人で残す。
・人目のある場所で指導をする。

など、子どもと大人が二人きりになることができる限りないようにすることも、できるかもしれません。

あるいは、子どもたちにふだんと違う様子が見られたら、「何があったのかな」

と子どもたちに聞く、子どもたちの事情をまず尋ねてみる、という対応ができるかもしれません。

または、ふだんから相談しやすい環境・関係をていねいにつくっていくことも考えられます。具体的には、次のようなことです。

1．スマートフォンなどを通じて、「裸の写真が見たい」「内緒で会いたい」など性的な言葉をかけられたら、ブロック機能を使って相手のメッセージや通話を受け取らないようにしてよい。

2．安心できるだれかに相談してほしい。

3．だれかに自分の写真を送ったり会いたくなったりしたら、そうした行動を起こす前に、まずは別のだれかに相談してほしい。

（16歳未満の子どもに、もし大人が「裸の写真を送って」と言ってきたら、それは、「面会要求等罪」*となります）

4．もし実際に自分の写真を送っても、会っても、性的なことをされても、あなたは悪くない。だれかに相談してほしい。

＊3ページ参照。

子どもたちにとって、こうしたことを、日頃から話し合える大人（必ずしも保護者とは限りません）がいることが大切だ、と思います。

話してくれたことに「ありがとう」

子どもたちにとって、性暴力を大人に打ち明けることは、とても怖いことです。実際の性加害にいたる前、性的なことを言われた段階でも、子どもたちは強い精神的なショックを受ける場合があります。

ショックが強いと、とても人には言えなくなります。

あるいは、子どもたちは「そんな性的なことを言われるやり取りをしていた」ことでも、大人に怒られるのではないかと思います。

ましてや、写真を送ったり、会ったりした場合に、それを素直（すなお）に打ち明けることは、とても勇気がいります。

だれにも相談できずに、ひとりで抱えこんでしまうこともあります。

そのため、ふだんから子どもたちに、

「こういう加害の方法があるんだよ」

「いやなときはNO（ノー）と言っていいし、大人に相談してほしい」

「でも、加害をする人はとても上手（じょうず）にするから、子どもがそれを避けることは大変だ」

「だから、あなたが加害者に会ったとしても、性加害にあったとしても、それを打ち明けて、だいじょうぶ。私たちは、けっしてあなたを責めず、あなたを守る手立て（てだ）を、あなたといっしょに考える」

ということを伝えておくことも大切です。

だれかに話をすることは、こころのケアや、その後の健全な成長にも必要です。

もし子どもから相談を受けたら、

「話してくれてありがとう」

「あなたは悪くない」
「だいじょうぶ」
「あなたを守るからね」
と伝えていただけるとよいです。

そして、どうしたら子どもの安全が守られるか、子どもと一緒に考えていただければと思います。

すぐに警察に届けることを、ためらう場合もあるかもしれません。

たとえば、今は全都道府県に、性犯罪・性暴力被害者のための「ワンストップ支援センター」があります。* そうしたところで、これからどうしたらよいかを相談していくことも可能です。

なお、どのようなことがあったか、できごとを、根ほり葉ほり聞くことは避けたほうがよいです。

特に年齢の幼い子どもの場合は、大人の聞き方で、記憶の語りが変容してし

* 124ページ参照。

まう場合があり、裁判などになったときに、それが子どもの不利益になってしまうためです。それよりは、話したことをねぎらい、こころやからだの不調に気を配っていただけるとよいと思います。

子どもから相談を受けると、大人もとても動揺します。

しかし、できうる限り、「どうしてそんなことをしたの？」など責め立てるような質問や言葉は避けてください。

なぜなら、子ども自身がいちばんそう思っているかもしれず、さらに苦しめてしまうかもしれないからです。

また、子どもの話を疑いたくなっても、ぐっと我慢（がまん）し、話してくれた子どもの勇気をねぎらってあげてください。

大人だって、信じたくないという気持ちはわきます。

性暴力の話は、そんなことが子どもに起きたと信じたくないために、嘘（うそ）のように聞こえてしまうこともあります。

しかし、大人が信じてくれないということは、勇気をもって話してくれた子どもにとって、深い傷つきになってしまいます。

話してくれたことに対して、

「ありがとう」

という気持ちを伝えるとともに、安心につながる言葉や姿勢で応えることが重要です。

第2章

ずっと「抵抗できなかったとは言えない」と言われてきた

「継続的虐待が行われる環境下で、かつ親の監督下で生活する子供の場合、子供は家から簡単には逃げ出せないため、親から繰り返し性的虐待を受けると無力感を持ち、性的要求に対し抵抗しなくなる傾向があり、また、家庭内において虐待があるからといって、当該家庭の日常生活全てにわたり虐待が行われているわけではなく、普通一般の親子関係が営まれることは、何ら不思議ではない……」

２０２０年３月12日、名古屋高等裁判所が下した、実父による準強制性交事件（第一審では無罪）への逆転有罪判決の一部。
（本文48ページ参照）

※引用は、仲道祐樹「継続的虐待と抗拒不能の判断」（日本評論社「法律時報」92巻5号（２０２０年5月号））より。

2017年、「強姦罪」が「強制性交等罪」に変更

2017年と2023年、性犯罪に関する法律は、大きく2回、変わっています。

まず、2017年に性犯罪の法律は、以下のように変わりました。

「強姦罪」「準強姦罪」／「強制わいせつ罪」「準強制わいせつ罪」

←

「強制性交等罪*」「準強制性交等罪**」／「強制わいせつ罪」「準強制わいせつ罪」

2017年までの「強姦罪」のときには、

《暴行又は脅迫を用いて》

《十三歳以上の女子を》

《姦淫した者》

* 強制性交等罪（2017～2023）
13歳以上の者に対し、暴行または脅迫を用いて性交、肛門性交、または口腔性交をした罪（13歳未満の者に対し、性交等をした者も、同様）。
↓5年以上の有期懲役。

** 準強制性交等罪（2017～2023）
13歳以上の者に対し、人の心神喪失もしくは抗拒不能に乗じ、または心神を喪失させ、もしくは抗拒不能に乗じて、性交等をした罪（13歳未満の者に対し、性交等をした者も、同様）。
↓5年以上の有期懲役

あるいは、

《十三歳未満の女子を姦淫した者》

と、条文に書かれていました。

つまり、被害者は女性にかぎられていたのです。

この「強姦罪」によれば、同じ加害者から、女性の被害者は膣に、男性の被害者は肛門に、陰茎を挿入された場合に、女性の被害は「強姦」となり、男性の被害は「強制わいせつ*」となることになります。

なお、「姦淫」は、膣に陰茎を挿入することとされていて、女性が肛門に挿入されても、「強制わいせつ」とされていました。

それが、２０１７年からの「強制性交等罪」では、

《十三歳以上の者に対し

《暴行又は脅迫を用いて》

《性交、肛門性交又は口腔性交をした者》

となり、被害者は女性にかぎられないことになりました。

また、たとえば、男性が女性に、無理やり「挿入させられる」ということも

＊漢字では「猥褻」。しかし、難読熟語であり（2字とも常用漢字表にはない字）、1995年の刑法用語の全般的な見直し（口語化）で、正式に「わいせつ」とかな表記するようになりました。

あります。典型的な例としては、性虐待などで、男児が実母あるいは継母に、無理やり「挿入させられる」などです。

膣あるいは肛門に無理やり「挿入させられる」ことも、「強制性交等罪」となりました。

性別の違いにかかわらず性暴力は重大犯罪

２０１７年の改正の後、ある方から、

「強姦は、妊娠の不安があるから罪が重いと思っていた」

と言われたことがあります。

そういう認識だったのかと驚きました。

もちろん、妊娠の不安、被害によって妊娠していた場合のその後の対応などは重大な問題です。それは、裁判などで考慮されるべき内容だと思います。

しかし、では、妊娠のリスクのない幼い子どもだった場合、、あるいは年齢を重ねた閉経（へいけい）後の女性が被害者だった場合、どうなるのでしょうか。

また、性別にかかわらず、妊娠せずとも、膣への挿入も肛門への挿入も、口への挿入も、傷が生じる危険や、感染症の危険があります。妊娠の不安や、実際に妊娠していた場合の対応は、心身に深い傷つきの生じる、本当に重大な問題で、それを軽視する気持ちはありません。

しかし、そもそも、性暴力自体が、被害を受けた人のこころとからだに深刻な影響をもたらす、重大な暴力です。

性器を挿入された場所が肛門であっても口であっても、被害を受けた人は、大きな精神的傷つきを負います。

性暴力の被害は、性別を問わず起きます。

男性も被害者になりますし、その精神的傷つきは、とても大きなものです（性の偏見や、いわゆる「男らしさ」の社会通念などもあって、女性被害者とは違う意味での差別を受けることもあります。また、ノンバイナリー*の方は被害に遭っている率が高いという研究結果もあります）。

* 「non-binary」。「binary」とは「2つの何かで成り立つもの」の意味で、「non」は否定ですから、「non-binary」で「2つのどちらでもない」を意味します。つまり、自分のジェンダーについて、男性・女性のどちらにも当てはまらない、はっきりとしない、当てはめたくないといった自認をもつ人のことです。

つまり、２０１７年のこの改正は、性暴力が、挿入する場所を問わず、性別を問わず、そもそもとても深刻なできごとであるということが反映された改正でした。

2023年6月、「強制性交等罪・準強制性交等罪」は「不同意性交等罪」へ

しかし、まだまだ議論が足りない点もありましたので、２０１７年の改正のときに、「3年後にもう一度、この改正を見直す」、ということになっていました。

そのため、２０１８年から法務省で、「性犯罪に関する施策検討に向けた実態調査ワーキンググループ」が始まりました。

そして、２０１７年の改正後も、（このあとで紹介するXさんの事件など）さまざまな問題が明らかになり、２０２０年から、本格的に改正のための会議が始まり、２０２３年、ふたたび大きな改正が行われることになったのです。

２０２３年の改正では、次のように変わりました。

「強制性交等罪」と「準強制性交等罪」をまとめ、
↓**「不同意性交等罪」**へ

「強制わいせつ」と「準強制わいせつ」をまとめ、
↓**「不同意わいせつ罪」**へ

「不同意性交等罪」「不同意わいせつ罪」に名称が変わったことにともなって、大きく4つの点が変わっています。

◆「抗抵」と「同意」について——2023年の改正点❶

ひとつは、「暴行・脅迫」「心神喪失・抗拒不能」という要件から、書き方が変わったことです。

それまでは、ざっくりいうと、

「被害者が抵抗できる状態であったかどうか」

「被害者が抵抗できないような暴力や脅迫があったかどうか」

で判断されていました。それが、これからは、

《同意しない意思を形成し、表明し若しくは全うすることが困難な状態＊》であったかどうかで判断されることになりました。また、そうした状態を示す、8つの例が挙げられています。

この「8つの例」は、あとで記します。

◆「挿入」について――2023年の改正点❷

ふたつめは、これまでの「強制性交等罪」では、被害者が挿入されるものは「陰茎」に限定されていました。

しかし、**「不同意性交等罪」**では、「身体の一部または物を」「膣、または肛門」に挿入する行為であっても、犯罪が成立することになりました。

たとえば、これまでは子どもが被害に遭ったとき、挿入されたものが陰茎だったと証言や証拠で明らかになった場合には「強制性交等罪」になり（加害者には5年以上の懲役刑）、挿入されたものが何か明確にわからないときには「強制わいせつ」になる（加害者には6か月以上10年以下の懲役刑）、ということがありました。

＊ 刑法176条、および刑法177条より。176条は「不同意わいせつ罪」について、177条は「不同意性交等罪」について規定しており、加害を判断する要件は、どちらもこの同じ文で示されています。

２０２３年の改正によって、子どもは、挿入されたものが陰茎であるとわからなくとも、**「不同意性交等罪」**の被害者となることになります（加害者には5年以上の有期拘禁刑＊）。

◆「婚姻関係の有無」について――２０２３年の改正点❸

みっつめは、**「不同意性交等罪」**は、「婚姻関係の有無にかかわらず」成立する、ということが明らかになったということです。

これまでももちろん、法律上、「たとえ配偶者（婚姻関係にある男女）や親密なパートナー同士であっても、犯罪は犯罪だった」と、２０１７年改正にかかわる話し合いの中で、司法関係の方は述べていました。

しかし、実際には、性的な暴力に及んでも、配偶者だから、パートナーだからという理由で、「それは性犯罪ではない」と考えられてしまうこともあるといわれており、明確にする必要がありました。

なお、「婚姻関係の有無にかかわらず」ということは、婚姻関係だけではなく、パートナー関係や恋愛関係であっても、もちろん成立するということです

＊「拘禁刑」とは、「禁錮刑」と「懲役刑」を一本化したもの。刑務所入所後、刑務作業が義務付けられていないのが「禁錮刑」、刑務作業が義務付けられているのが「懲役刑」です。「不同意性交等罪」の施行は２０２３年7月ですが、拘禁刑についての改正刑法は２０２５年に施行予定のため、それまでの刑罰は懲役刑ということになります。

◆「性的同意年齢」について――2023年の改正点❹

よっつめは、いわゆる性的同意年齢の引上げです。

これまでの法律では、被害者が「13歳以上」であれば、「性的行為」の意味がわかり、ちゃんと同意する能力があるとされてきました。

しかし、他の国に比べて、「13歳という年齢は低い」という指摘もありました。

そもそも、2023年現在の日本では、中学生（12歳〜15歳）のあいだ、学校の授業で「妊娠の経過は取り扱わないものとする」*とされており、性交について教えることを避ける傾向がありました。

それなのに、性交とはどのようなものかがわかって、判断できるとされていました。

今回の改正では、性的同意年齢は16歳未満となりました。ただし、13歳以上16歳未満の人々は、5歳以上年齢が上の人から性的行為がおこなわれた場合に、適用されます。

＊「中学校学習指導要領」の「第2章各教科　第7節保健体育」〔保健分野〕3内容の取扱い(3)の記述。「受精・妊娠までを取り扱うものとし、妊娠の経過は取り扱わないものとする」とあります。

つまり、12歳以下の子どもたちは、これまでどおり、性的な同意を行う能力がまだないと考えられています。

そして、相手が5歳以上年上の場合は、「13歳以上16歳未満」の子どもたちも、「性的行為」がどのようなもので、自分にどのような影響を与えるのかを理解して、相手からの働きかけにちゃんと対応をするということは難しい、ということで、この対象者については犯罪となることになりました*（「性的行為」を仕向けた相手が「5歳以上」、ということにも、いろいろな考えがありましたが、今回はひとまず、議論の結果、このようになりました）。

ここまでやや長くなりましたが、２０２３年6月16日に参議院本会議で法案が可決し、同月26日に公布された**「不同意性交等罪」「不同意わいせつ罪」**（法律の施行は7月13日）について、大きな改正点と、改正前の性犯罪の規定について、まとめて書きました。

以下、この章では、改正点のひとつめである、抵抗と同意をめぐる問題を、くわしく記していきたいと思います。

＊ 法制審議会刑事法（性犯罪関係）部会では、性的行為をするかどうかに関する能力として、
①行為の性的な意味を認識する能力
②行為が自己に及ぼす影響を理解する能力
③性的行為に向けた相手方からの働きかけに、的確に対処する能力
として話し合われました。

被害当事者の声からかけはなれた司法判断――Xさんの事件と影響

次々に法律の名前が出てきて申しわけないのですが、

「監護者性交等罪（かんごしゃせいこうとうざい）」＊

「監護者わいせつ罪」＊＊

という罪をご存知でしょうか。

これは、２０１７年の性犯罪に関する法改正で新しく作られた罪です。

「監護者」とは「子どもと生活を共にして身の回りの世話をする者」です。実親（じつおや）（実父（じっぷ）・実母（じつぼ））や、養親（ようしん）（養父（ようふ）・養母（ようぼ））、児童養護施設の職員などのような子どもを監護する者、つまり、子どもの衣・食・住などの面倒をみている者を指します。

現在の日本において、18歳未満の子どもが、ひとりで生きていくことはとても難しいことです。

＊ 監護者性交等罪
18歳未満の者に対し、その者を現に監護する者であることによる影響力があることに乗じて性交等をした罪。
↓5年以上の有期懲役刑

＊＊ 監護者わいせつ罪
18歳未満の者に対し、その者を現に監護する者であることによる影響力があることに乗じてわいせつな行為をした罪。
↓6か月以上、10年以下の懲役刑

残念ながら、そうした弱い立場につけこみ、本来守るべき子どもを性の対象とする「監護者」がいます。

「監護者性交等罪」や「監護者わいせつ罪」は、18歳未満の子どもに対し、監護者が性加害を行った場合、暴力や脅迫行為がなかったとしても犯罪とする、というものです。

２０１７年当時は、加害者が「暴力や脅迫」をしているか、被害者の「心神（しんしん）喪失（そうしつ）などの抵抗できない状態」に乗じているか、といったことが、強制性交等罪、強制わいせつ罪では問われました。

しかし、18歳未満の子どもは、監護者から性的な行為を行われたとき、暴力や脅迫がなかったとしても、自分の生活を握っている人には抵抗することができないと考えられたために、「監護者性交等罪」「監護者わいせつ罪」という法律が作られました。

この法律が作られたあと、２０１９年３月、名古屋地方裁判所（地裁（ちさい））岡崎支部において、19歳の女性Ｘさんに対する父親の性虐待について、無罪判決が言いわたされました。

判決では、Xさんが、思春期の頃から性虐待の被害に遭っていたことは認められました。しかし、裁判となった事件は、Xさんが19歳時点の被害でしたので、監護者性交等罪は成立しませんでした。19歳以前の性虐待は、証拠をそろえることが難しく、裁判にかけることが難しかったのだろうと推測します。

そして、19歳のときの被害については、Xさんが両親の反対を押し切って専門学校に進学していることや、以前には父親の性虐待から逃れようとする行動が見られたことなどから、抵抗できない状態であったとまでは言えないということで、名古屋地裁岡崎支部の判決では、父親は無罪となりました。

性暴力の被害当事者や支援者から、この判決について、性虐待の被害者の心理について、あまりに理解がないと批判の声が上がりました。

結果的には、その後、名古屋高等裁判所（高裁）の判決、最高裁判所の決定で父親の無罪はくつがえり有罪となるのですが、この岡崎支部が無罪とした事件をはじめ、2019年3月に、4つの性犯罪事件で無罪判決が続きました。

それは、２０１７年に行われた法改正では、まだ、性犯罪を適切に捉えるには改正が不足しているかもしれないと、社会が気付くきっかけになったように思います。

認められた「抗拒不能」――被害者の「無力感」を無視した一審判決がくつがえる

人は、いやなことをされれば、反射的に抵抗し、拒否をするものだ、と考えられてきました。

しかし、本当に、そうでしょうか。

いやで苦しくてしかたないけれど、抵抗も拒否もできない、そうした状態は、実は、性暴力被害のとても多くの状況で生じています。

先ほど述べた、名古屋地方裁判所岡崎支部の判決は、その問題を社会に問いかけた、重要なできごとだったと思います。

もちろん、その前から、たくさんの被害当事者の方々、支援者の方々が、本

当に多くの犠牲を払って、「多くの場合、人は、いやだと思っていても、抵抗や拒否ができない」と言い続けてきました。

岡崎支部のこの事件は、社会の多くの人が関心を寄せた、という意味で、重要なできごとだったということです。

報道等によると名古屋地裁岡崎支部の事件では、被害者であるXさんは、小学生時代から、父親に身体的虐待を受けていました。そして、中学2年生の頃からは性的な虐待が継続して行われていたということです。

このような、娘のXさんに対し父親がくり返し行った、子ども時代の性虐待の事実は、岡崎支部の裁判でも認められています。

それでも、抵抗できなかったとは言えない、として「無罪」の判決となりました。

岡崎支部の裁判では、19歳のXさんが、父親と同居を続けていたことから（家を出る自由はあったのにそうしなかったからと解釈された、と考えられます）、父親がXさんの「人格を完全に支配し」ていた事実はなく、「服従・盲従せざるを得(え)ないような強い支配従属関係にあったとまでは認め難(がた)い」と言われました。

つまり、「抵抗できない状態にあったとまでは言えない」ということです。これは、〝子ども時代からの身体的虐待や性虐待の影響を、とても軽視している〟と、心理学を学ぶものとしては考えます。

一審の後、Xさんは控訴します。２０２０年3月に名古屋高等裁判所（高裁）は、前年の名古屋地裁岡崎支部の判決（一審）を破棄し、Xさんは「抗拒不能」だった、つまり父親の性暴力（性交）に「さからうことも、こばむこともできなかった」と認め、父親に有罪判決を言い渡しました。

このときの名古屋高裁の判断は、次のように報じられました。

> 一審が抗拒不能について「人格の完全支配」と狭く定義したことについて「法解釈を誤っている」とした上で、中学2年から性的暴行を受け続けてきた実態を「十分に理解していない」と指摘。精神科医の証言をふまえて「女性は繰り返し性的虐待を受けて無力感を覚え、抵抗する意思をなくしていた」と罪の成立を認めた。
>
> （２０２０年11月7日　朝日新聞電子版より）

この名古屋高裁の有罪判決（二審）を不服とした父親側は、最高裁判所に上告しました。

しかし最高裁は、２０２０年11月4日付で上告を棄却します。

つまり、父親側の無罪要求は退けられ、ここにXさん側の求刑通り、父親は「準強制性交等罪」で有罪が確定*しました（懲役10年）。

こうした、〝判断の揺れ〟が生じたことから、２０２３年の改正では、できるだけ判断の揺れがなくなるようにと、条文が検討されました。

判断の揺れへの対応

２０２３年6月に、（「強制性交等罪」と「準強制性交等罪」から改正され）不同意性交等罪に変わり、また（「強制わいせつ罪」と「準強制わいせつ罪」から改正され）不同意わいせつ罪に変わるまでは、

「暴行または脅迫によって抵抗ができない状態にあったか」

＊「準」が付いてはいても、「準強制性交等罪」は「強制性交等罪」に比べ処罰が軽いわけではありません。共に「5年以上の有期懲役刑」は同じです。違いは、33ページの注でも記したとおり、前者は「人の心神喪失もしくは抗拒不能に乗じ、または心神を喪失させ、もしくは抗拒不能に乗じて」の性交であり、一方の後者は「暴行または脅迫を用いて」の性交です。この章の本文で記したような「判断の揺れ」が生じる余地があるなど、問題が指摘されてきました。

「相手が心神喪失の状態で（心身の障害やアルコール、薬物の影響などで）さからったり、こばんだりすることができない状態だったか」

といったことが、被害者が13歳以上の場合には、問われていました。

いわゆる、

「暴行・脅迫要件」

「心神喪失・抗拒不能要件」

といわれるものです。

しかし、人は、暴力をふるわれていなくとも、アルコールで酩酊状態になっていなくとも、いろいろな状態、状況で、抵抗することが難しくなります。

２０２３年に改正成立した「不同意性交等罪」「不同意わいせつ罪」では、その「いろいろな状態、状況」について、８つの例が記載されました。

ここからは、心理学の観点から、性暴力に直面したときの人の状態などを記していきたいと思います。

「不同意性交等罪」について

「不同意性交等罪」に関する刑法の条文や、法務省のウェブサイトでは、「不同意性交等罪」について、次に挙げる8つが例示されています。

1. 暴行または脅迫
2. 心身の障害
3. アルコールまたは薬物の影響
4. 睡眠その他の意識不明瞭
5. 同意しない意思を形成、表明、または全うするいとま*の不存在
(例：不意打ち)
6. 予想と異なる事態との直面に起因する恐怖または驚愕
(例：フリーズ**)
7. 虐待に起因する心理的反応
(例：虐待による無力感、恐怖心)

* 「いとま」とは、ここでは〈ある物事をするために必要な時間のゆとり。ある物事をするためにあけることのできる時間〉(小学館『精選版・日本国語大辞典』より)のことです。

** 58ページ参照。

8．経済的または社会的関係上の地位に基づく影響力による不利益の憂慮（例：祖父母・孫、上司・部下、教師・生徒などの立場ゆえの影響力によって、不利益が生じることを不安に思うこと）

不同意性交等罪は、加害者が被害者に対して、《同意しない意思を形成し、表明し若しくは全うすることが困難な状態*》にさせて、あるいはその状態にあることに乗じて、性交、肛門性交、口腔性交、または、膣あるいは肛門に「身体の一部あるいは物」を挿入する行為であって、わいせつなものと、されています。

* 39ページ参照。

「同意しない意思」とは

なぜ、新しい条文に「同意しない意思」という言葉が入ったのでしょうか。

第1章のはじめのほうで書いた通り、私たちには、いつ、どこで、だれと、

どのような性的関係をもつのかを決める権利、性的自己決定権があります。

そして、望まない性的行為が、「性暴力」です。

私たちは、日常生活の中でも、性的行為をすることがあります。

つまり、私たちが「望んだ」性的行為は、「性暴力」ではない、ということになります。

私たちが行ったインタビューから、私たちの研究チームは、「望んだ性的行為」とは、日常生活の中で、どこに行くか、何を食べるかといった、ごく日常的なことについて意思や感情を尊重されている感覚があり、だからこそ、その延長線上で、性的行為についても、自由に意思や感情を相手につたえることができ、お互いに意思や感情を尊重して、行われる性的行為だ、と考えました。

反対に、「望まない性的行為」とは、意思や感情がないがしろにされた、相手から性的なモノのように扱われた性的行為だと考えられます。

性暴力とは、「性的行為に同意しているか否か」の意思、そしてそこにある感情を、ないがしろにされた暴力だ、ということです。

ほかの国には、"Yes means Yes" という、積極的な同意がなければ、性暴力であるという考え[*]に基づいた法律もあります。

しかし、まずは、「同意」という性暴力を考えるうえで大切な部分が法律の文章に含まれたことは、大事な変化だと思っています。

人はいろいろな場面で、「同意しない意思」の形成さえもできない状態になる

先ほど、「望まない性的行為」について、意思や感情がないがしろにされた性的行為、ということを書きました。

ないがしろにされるということは、すでに「ある」ものがないがしろにされるというだけではなく、「形成」さえできない状態を作り出されたり、利用されたりすることも含まれます。

たとえば、知的な障害を利用され、性的行為をするかどうかの判断や選択ができない状態にされる場合もあるかもしれません。

＊「スウェーデンの「Yes means Yes」型とは、「Yes以外はすべてNo」、つまり「相手が明確な合意を示さないまま行った性行為はすべて違法」ということです。立証には、ことばや態度で相手から同意が示されたかどうかが最も考慮されます。暴力や脅迫があったかどうかを証明する必要はありません。」
（千葉大学大学院社会科学研究院・後藤弘子教授）
（NHK「みんなでプラス」【vol.115】〈「同意のない性交」犯罪化は？ どうなる刑法改正〉より）

あるいは、眠っているときや、アルコールや薬物などで意識が朦朧としているときには、もちろん、性的行為をするかどうか考えることはできません。また、道端で、突然うしろから抱きつかれたら、それももちろん、考える時間はありません。

このように、「同意しない意思」を形成することができない、さまざまな場面があります。

あるいは、洗脳されていたらどうでしょうか。

第1章で書いたような「性的手なずけ」を使われていたら、「自分は性的行為に同意している」と思うように誘導されてしまうかもしれません。

実際、私たちの研究チームが行った、(実父から性加害を受けていた)被害当事者へのインタビューでは、「父親と過ごす時間が少なかったため、性虐待について、当時は、父親から愛されているという感覚を受けた」と答えていた人もいました。

あるいは、継続的に暴力をふるわれていて、相手には逆らえない、逆らってはいけないと思っている場合もあります。

または、「相手に従わないことは悪いことだ」と、思っている状態も考えられます。

このようなとき、「同意しない意思」を形成することはとても難しくなります。

Xさん（名古屋地裁岡崎支部の判決では父親が無罪とされた事件の被害者）の場合も、先ほど紹介した新聞で、

「精神科医の証言をふまえて『女性は繰り返し性的虐待を受けて無力感を覚え、抵抗する意思をなくしていた』」

と判断された様子が書かれていました。[*]

さらに、加害者から、「あなたは病気だ」「性的行為をしないとなおらない」「これは治療だ」と言われて、それを信じこまされてしまっていたら、「性的行為」に「同意するかどうか」を考えることはできないかもしれません。

＊ 48ページ参照。

法律では、客観的な証拠があるかなど、さまざまなことが問われますので、上記のすべてが、「不同意性交等罪」や「不同意わいせつ罪」として扱われるかはわかりません。

しかし、人はそもそも、意思を形成できない場合や、意思の形成ができない状態にさせられる場合もたくさんあるのです。

だからといって、「性暴力」を受け入れたわけではないのです。

ずっと「抵抗できなかったとは言えない」と言われてきた（1）
——「フリーズ反応」と「強直性不動反応」

性暴力被害者の支援の現場では、何度も、

「なぜ抵抗できなかったのか」

「抵抗していないのは、同意していたからではないか」

と、被害を受けた人が問われるといった事態を見聞きしてきました。

父親から性加害を受けた先ほどのXさんも、一審（名古屋地裁岡崎支部）では、

「抵抗できなかったとは言えない」

といった判断がされました。

人は、恐怖を感じた場合、声が出なくなったり、からだが動かなくなったりします。自分の身に危険が迫る状況で、自分が予想していなかった事態に直面して驚いた場合にも、同じです。

からだが凍りついたように動かない状態について、「フリーズ」*という言葉は、よく知られるようになってきました。正確には、「フリーズ反応」と言われます。

学術的には、人は危険を感じたとき、驚いて頭が真っ白になり、からだが動かないという「フリーズ反応」が生じ、その後、戦うか逃げるかを判断すると言われます。

そして、戦うことも逃げることも成功しなさそうだと、意識的、あるいは無意識的に判断されると、意識はあるけれどからだが動かない、「強直性不動反応」が起きると言われます。

＊英語の「freeze」＝「凍る」に由来。「凍る」→「固まる」という連想から、英語圏でも、また日本語でも、ヒトやモノ、さまざまに「動け（動か）なくなる」意味で使われるようになりました。

ずっと「抵抗できなかったとは言えない」と言われてきた（2）

――「解離」と「学習性無力感」

さらに、人は、「解離（かいり）」といって、つらいときや怖いときに、自分の意識を意図せずに切り離すことがあります。

たとえば、被害に遭った人が、

「被害に遭った自分を横から見ていた気がする」

と言っていたり、

「行為の最中、自分の意識はシャットアウトされていた」

と言ったりします。

そのあいだ、やはり、思うようにからだが動かなかったりするのです。

どちらにしても、人は、恐怖を感じたとき、あるいは身に危険が迫る状況で驚いたとき、からだが動かなくなることがあります。

からだが動かなければ、声が出なければ、抵抗できないことは当然のことです。

あるいは、人は、継続的に暴力を受けている場合も、抵抗することは難しくなっていきます。

それはまさに、Xさんに起きていたことです[*]。子どもの頃から、くり返し身体的虐待を受け、性虐待を受けていたら、年齢が上がっていったとしても、「自分はこの状況をどうすることもできない」と、無力感が強まるかもしれません。

もちろんこうした被害は、Xさんの場合に限りません。

たとえば、子どもの頃から家庭の中で、自分のきょうだい[**]が、親から暴力をふるわれるのを見続けていたら、自分は暴力をふるわれないように、相手に従おうと思うかもしれません。

その状態で、親が自分のからだを性的にさわってきて「いやだ」と感じても、親に抵抗するということは難しくなります。

＊44ページ（以降）参照。

＊＊「兄・弟」にかぎりません。「姉・妹」も含みます。

抵抗したら殴(なぐ)られるとしたら、抵抗したけれど行為がやまなかったことを経験したとしたら、人は抵抗し続けること、「いやだ」と言うことはとても困難になります。

それは、子どもだけではなく、大人でも同じです。

家庭で、あるいは職場で、学校で、暴力にさらされ、自分の自由にならない環境、自分の意思がないがしろにされる環境に置かれ続けた場合、人は、いやだと思ってもそれを表明することができません。

これは、心理学の中では、「学習性無力感(がくしゅうせいむりょくかん)」という言葉で知られている状態です。

長いあいだ、自分ではどうすることもできないストレスにさらされた場合、自分はその状況から逃れられないのだということを学習し、無力感が生じます。

さらには、少しでも積極的に行為にこたえたほうが相手の機嫌が良いのならば、危険を減らすために、一見すると同意しているような行動を取る場合もあります。

そして、人は社会の中で生きていますので、社会的な関係によっても、抵抗することが難しい状況に追いこまれます。

たとえば、次のような関係です。

「エントラップメント型」という性暴力

私たちは、研究において、「エントラップメント型」という性暴力の発生プロセスを見出(みいだ)しました（エントラップメント型という言葉は、私たちの研究結果を聞いた性暴力の被害当事者の方が、「まさに罠(わな)にはめるようなプロセスですね」と言ってくださり、話し合い、「エントラップメント」となりました）。

「エントラップメント型」は、まず、加害者が被害者に対して、被害者をおとしめ、自分を権威づけるような言動をします。そうして、上下関係をつくりあげていきます。

次に、被害者を物理的、あるいは精神的に死角に追いこみ、逃げ道をふさぎます。まさに「entrapment」＝「罠（わな）にかける」という手口です。

そして、「恋人はいるの？」「セックスしたことあるの？」などと、性的な話題を突然ふり、または、突然性的にせまり、被害者がとまどい、相手との上下関係ゆえに抵抗できずにいるところ、性的行為を強要します。

上下関係があったならば、被害者は上の人に逆らってはいけないと思い、なかなか明確に、いやだと伝えることはできなくなります。

あるいは、相手を怒らせないように、相手に迎合（げいごう）するような言動をとることもあります。

「エントラップメント型」は、道端でナンパのように声をかける、その日に会った関係でも行われますが、祖父・祖母と孫、教師と生徒、上司と部下など、もともと上下関係があった場合には、加害者にとって、さらに行いやすくなります。

抵抗したら、自分の人生は大変なことになるかもしれない、と思ったならば、やはり抵抗すること、拒否することは、とても困難になります。

これまで述べた以外にも、いやだと伝えることが難しい、手で押し返したり、からだをよじったり、動かしたりすることさえできない状態は、さまざまに存在します。

人は、いやだと思っても、恐怖を感じても、「抵抗できない」場合がたくさんあるのです。さらに、相手を怒らせないように、相手にやさしくしたり、迎合したりせざるをえないこともあります。

「いやだ」と言ったのにやめない

先ほど記したとおり、2023年6月成立した「不同意性交等罪」の条文には、「同意しない意思」を「全うすることが困難な状態」ということも、書かれています。*

日本放送協会（NHK）が行った「〝性暴力〟実態調査ウェブアンケート」（2022年）では、性暴力被害のあいだ、

＊ 39ページ参照。

「抵抗したけれど途中でできなくなった」

と回答した人たちがいました。

被害の最中に、「やめてください」と伝える、相手をふり払おうとする、身をよじっていやだという意思を示すなど、拒否の意思を示したり、一定の抵抗を示す人もいます。

しかし、それらは聞き入れられず、加害が続きます。自分は「いやだ」と言っているのに行為が続く、それはまさしく、“No means No”が達成されていない状態*と言えます。

抵抗したとしてもそれを聞き入れられなかったら、「いやだ」と言ったのにそれを聞き入れられなかったら、なんとか身をよじって「いやだ」という気持ちを表現したのに無視されたら、人は、無力感や絶望感が強まり、それ以上のことができなくなります。

＊54ページ参照。

性暴力の被害に直面した人の心理や状態を知ってほしい

ここまで書いてきたことの多くは、さまざまな調査や、被害当事者の方々の発信、実際に支援に携わる人々の知見などで、すでに言われていることです。

しかし、これまでの法律や、あるいは社会の中にある性暴力に対する誤った認識の影響で、性暴力の被害に直面した人の心理や状態は、あまり広く知られてはいなかったかもしれません。

「いやなことをいやだと思うことさえ難しい状態があること」

「いやなことに直面しても、いやだと言ったり抵抗したりすることはとても難しいこと」

「自分の意思や感情を尊重してくれない相手に、抵抗し続ける、いやだと言い続けることは難しいこと」

こうしたことが広く知られて、司法の中で適切に判断され、社会の中で、性暴力に対する誤った認識が減っていくことを、願ってやみません。

第3章

そのことが「性暴力」だと気付き、誰かに相談する難しさ

被害にあったときの状況（複数回答）
（【性交を伴う性暴力被害】性暴力被害の状況について）

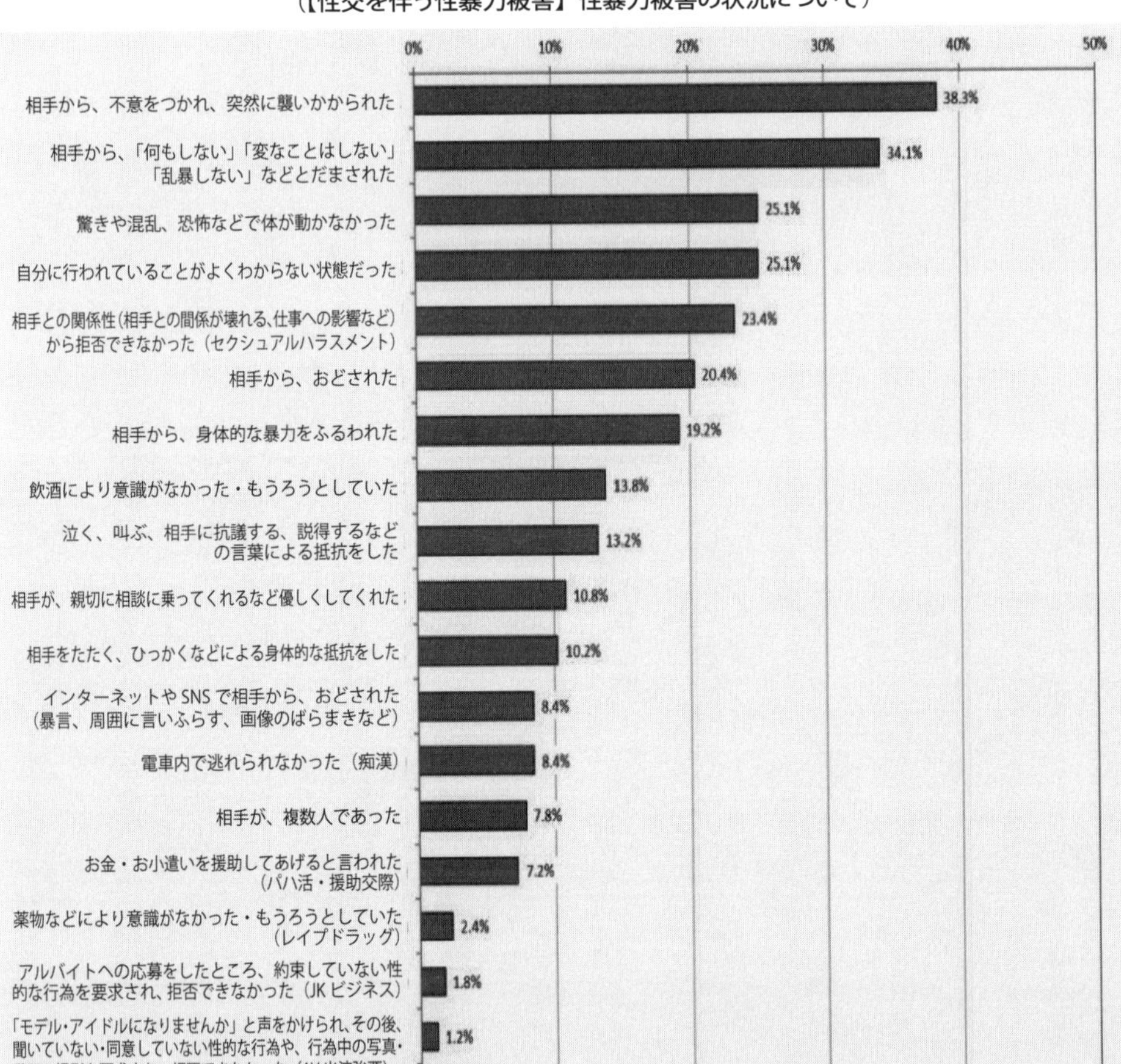

内閣府男女共同参画局「若年層の性暴力被害の実態に関するオンラインアンケート及びヒアリング結果報告書」（令和４〔2022〕年３月）より。
有効回答数8,941人、n=167（上記の質問について）　→本文 88 ページ参照

「公訴時効」までの期間が延長される

2023年6月に成立した性犯罪の法改正では、公訴時効が延長されました。

「公訴時効」とは、犯罪が行われたとしても、法律によって定められた期間が経過すると、犯人を処罰することができなくなる（検察官が起訴することができなくなる）というものです。

これまでの公訴時効は、

「強制性交等致傷罪」[*]や「強盗・強制性交等罪」は15年

「強制性交等罪」や「監護者性交等罪」[**]は10年

「強制わいせつ罪」や「監護者わいせつ罪」[**]は7年

でした。

こうした公訴時効に対して、短すぎるという意見が、ずっとありました。

自らの身に起きたことが性虐待だ、性暴力だと気が付くまでに、20年、30年、40年、それ以上かかったという方々に、私自身もお会いしてきました。

*「致傷」とは、いわゆる「けが」（裂傷・出血・打撲など）を相手に負わせることだけでなく、性病を感染させたりした場合も含みます。

**「監護者性交等罪」と「監護者わいせつ罪」については、43ページ参照。

性暴力から何十年が過ぎ、それでも、できごとを口にすることさえ難しいという方々にもお会いしてきました。

今回の改正では、性犯罪にかかわるこの公訴時効が、それぞれ5年延長されました。また、被害に遭った人が18歳未満の場合は、被害者が18歳になる日までの期間を、公訴時効期間に足すことになりました。

たとえば、13歳のときに「不同意性交等罪」（改正前の「強制性交等罪」は公訴時効10年）の被害に遭った場合、改正後の15年に5年がプラスされますので、公訴時効が完成するのは20年後ということになります。*

延長になったこと、未成年のあいだの期間が加算されるようになったことは、とても良かったと思っています。

しかし、今の時効でも、自分の身に起きたことに気が付き、警察に伝えられるようになった頃には、すでに時効が過ぎていて届け出ることさえもできない、そうした方々がたくさんいらっしゃいます。

今回の改正では、5年後にもう一度見直すこと、それまでに必要な調査を行うということも盛りこまれました。

＊ ｛10＋5（改正後の公訴時効期間）｝＋｛18－13（被害に遭った年齢）｝＝20
なお、「不同意性交等罪」については、第2章、38ページ（以降）参照。

時効については、ふたたび話し合われることになるのではと思っています。

性暴力は、影響が深刻です。

しかし、被害を受けた人がだれかに相談することにさまざまなハードルがあり、警察に相談にいたることは、とても少ない暴力です。

そこには、性暴力を取り巻く、個人の認識、そして、それをかたちづくる社会のあり方など、いろいろな問題があります。

起きたことについて「暴力だ」と気付く

まず、性暴力は、被害を受けた人が自分の身に起きたことを「性暴力だ」と気が付くことが難しい被害であることがわかっています。

私たちが行ったインタビュー調査では、２つの理由が語られていました。

「起きたできごとがよくわからない」

「性暴力のイメージと異なる」

という2つです。

心理支援の中では、その他にも、

「加害者によって、性暴力ではないと思いこまされていた」

ということがあると感じています。また、性暴力と気が付くか、気が付かないかの前に、あまりにも衝撃的で、こころが抱(かか)えきれなくて、

「記憶を閉じこめて」

しまうこともあります。

以上の4つそれぞれについて、説明をしていきます。

◆「起きたできごとがよくわからない」——なぜ気が付くのが難しいか❶

「起きたできごとがよくわからない」ということは、子どもの頃に被害に遭った方から、語られることの多かったできごとです。

小学生の頃に、きょうだいから、からだをさわられるようになったある当事者の方が、それを被害だと認識できたのは、高校生のときでした。

まあ、（からだをさわられることを）できごととして捉え、でもな、やだな、どうにかしたいなって調べていくうちに、あ、これは、まあ、被害を受けてるんだなというような知識をつけていった。（Bさん・20代）*

子どもの受ける性暴力は、たとえば、幼稚園のときに同じ幼稚園生から受けることもあれば、小学校のときに見知らぬ人から受けることもあります。

加害をする人は、同級生、近所の年上の人、親、親の恋人、学校の先生、習い事の先生、見知らぬ人、SNSで出会った人、いろいろな場合があります。

被害に遭った年齢が低すぎて、それを性的なことだとわからない場合もありますし、少し年齢が上がり、性的なことだとはわかっても「被害」だという認識ができないこともあります。

あるいは、不快なことだとはわかっても、それが「暴力」であるとは認識できないこともあります。

＊7ページ参照。

あるとき雑誌を読んで「児童虐待」というものを知ったという人もいれば、本を読んで「性暴力」というものを知った人、学校の授業で知った人、友だちとの会話で知った人、なんとなく知識を身につけていったという人、さまざまです。

私たちの研究でインタビューに回答してくださった方の中には、中学生で年齢の近い人から性被害に遭い、しかしそのときは、そのできごとが暴力だと気が付かず、長年苦しみ、「なぜこんなに苦しいんだろう」と思って、大人になって友だちに相談し、そこで初めて、それが「性暴力だった」と気が付いたという人もいました。

中学生から性虐待に遭っていて、しかし自分の身に起きていることが何かわからず、成人して、同じ性虐待の被害者の手記を読んで初めて、自分に起きたことと同じだ、自分に起きたことは「性虐待だったんだ」と気が付いた、という人もいました。

子どものときに性暴力を受け、それが暴力なのだとすぐに気が付くことは、とても難しいことなのです。

◆「性暴力のイメージと異なる」――なぜ気が付くのが難しいか❷

一方、大人や、ある程度年齢が上の子どもたちにとっても、性暴力を受けたあとで、それが暴力なのだと気が付くことは難しいことです。

「性暴力のイメージと異なる」ために、それが性暴力だと思えなかったということもあります。

社会の中には、「性暴力は、見知らぬ人から道端(みちばた)などで突然起きるものだ」というイメージがあるようです。そして、そのイメージから離れたできごとは、性暴力だと気が付きにくいということがあります。

私たちの研究では、たとえば、就寝中に同じ職場の寮の先輩から被害にあった当事者が、そのできごとについて、犯罪とは思えなかったということを語っていました。

しかし、被害後、仕事に行けなくなり、心身の状態が崩れていったということです。

そして、仕事を辞めざるをえなくなった後に、起きたできごとをはじめて、家族や友人に話しました。

できごとから数年が経ち、支援機関に連絡したとき、「あなたは悪くない」と言われて初めて、自分の身に起きたことを被害だと認識したということです。

またたとえば、お酒に酔って意識が朦朧として、一緒にお酒を飲んでいた人から同意なく性行為をされたとき、それが暴力だと認識することは難しかった、と語る人もいます。

あるいは、性暴力に遭ったことがあるかどうかという話の中で、痴漢が性暴力だと伝えると、「痴漢が性暴力だと思わなかった」と言われることもあります。

友人と遊んでいて突然襲われたとき。パートナーから無理やり性行為をされたとき。ＳＮＳで知り合った人に会いに行って襲われたとき。

現在の法律（不同意性交等罪＊）に照らして、「同意しない意思を形成するいとま」もなかったとしても、「同意しない意思の表明」ができなかったとしても、「同意しない意思」を示したのに無視されたとしても、それが性暴力だと認識することが難しい、という人は多くいます。

相手が見知った人だったので、その相手からの行為が性暴力だと思わなかっ

＊38ページ、51ページ参照。

たという場合もありますし、相手が見知らぬ人だったけれど、そう思えなかったという場合もあります。

また、暴力も脅迫もなかったので、性暴力だと認識できなかったという場合もあります。

さらに、加害者に逆らえなかったから、加害者に抵抗できなかったから、それは暴力ではなかったのだ、と思ってしまう場合もあります。

この場合、被害を受けた人にそう思わせているのは、社会の性暴力に対する誤った認識であり、加害者の巧妙な手口です。

性暴力だと気が付けなかった人が悪いのではありません。

性暴力だと認識できない、ということとは少し異なるかもしれませんが、見知らぬ人から道端で突然襲われても、自分に何が起きたかわからず呆然（ぼうぜん）とする、忘れたいと思う、といった人もいます。

「これは被害ではない」と思いたい、という人もいます。

大人であっても、自分の身に起きたできごとが性暴力だと気が付くことは、とても難しいことなのです。

これまでとり組んできた研究では、性暴力だという認識を持つことが難しい要因として、これまで上げた2点、

「起きたできごとがよくわからない」

「性暴力のイメージと異なる」

が語られていました。

心理支援に携わる中で、私はさらに、

「加害者によって性暴力ではないと思いこまされていた」

こともあるのだと考えています。

これは、先に挙げた2つの背景にも存在していることかもしれません。

◆「性暴力ではないと思いこまされていた」――なぜ気が付くのが難しいか❸

性暴力の加害者は、とても巧妙に暴力を行います。

第1章でのべた「性的手なずけ（性的グルーミング）」では、加害者は、

「これは愛情だ」

「あなたが好きだから行うんだ」

「愛し合う二人ならば当たり前に行う行為だ」

「大人ならば行うのが普通だ」

など、さまざまな言葉で、子どもたちを言いくるめます。

あるいは、

「これは勉強だ」

「おまえの度胸（どきょう）をつけるために行うんだ」

「これは指導なんだ」

と言ったり、あるいは言葉にせずとも、そう思わせたりして、性的な行為をすることもあります。

子どもたちは、指導を受けているのだから、愛されているのだから、この行為を受け入れなければいけない、受け入れているのだから性暴力ではない、と思わされてしまうこともあります。

子どもだけではありません。

第2章で述べた「エントラップメント型」のプロセスで、加害者が被害者を追いつめ、被害者が「従わなければならないんだ」「受け入れなければならないんだ」と思わされてしまう場合もあります。

たとえば、一緒にこの問題に取り組んでいる研究者の一人*は、被害を受けた人よりもコミュニティ内で立場の強い加害者が、性暴力の後に、

「実はあなたが好きだったんだ」

と、まるで恋愛だったかのように言い出す場合があることを見出しました。

性暴力は暴力です。

それなのに、被害を受けた人は、これを性暴力だと思ってしまうと、そのコミュニティにいられなくなるので、相手の言い分を一時的に飲みこまざるをえなくなります。

同意のない性暴力だったにもかかわらず、被害者は生きていくために、それを性暴力だと思うことが難しい状況に追いこまれるのです。

* 金田智之（一般社団法人Spring 研究員）
→7ページの書籍参照。

また、パートナー間の性暴力などで、身体的暴力に心理的暴力も一緒に行われ、被害を受けた人は、パートナーに従わなければならないと思わされてしまうこともあります。

「加害者によって性暴力ではないと思いこまされていた」ということも、心理支援の現場では、よく見られます。

◆「記憶を閉じこめて」――なぜ気が付くのが難しいか❹

ここまで、被害を受けた人が自分の身に起きたことを「性暴力だ」と気が付くことが難しい理由、場面を3つ、説明してきました。

4つめとして、あまりにつらい記憶なので、その性暴力の「記憶を閉じこめて」しまう場合もあります。

専門的には「解離性健忘（かいりせいけんぼう）」という言葉で表されたりもします。

一般社団法人Spring（スプリング）が行い、私も協力した調査*では、被害に遭った記憶の一部、あるいはすべてについて、「記憶をなくしていた」、あるいは「思い出せなかった」時期があるかどうかを尋ねています。

＊ 2020年8月16日から9月5日までの期間に実施された「性被害の実態調査アンケート」。ウェブ上で実施したもので、応答のあった被害件数は5899件。http://spring-voice.org/news/200809survey_report/

その中で、20％前後の人々が、そうした時期があったと回答しています。

そしてその記憶が戻るまでの年数として、最も回答が多いのは3年から7年であり、30年以上記憶が戻らなかったと回答する人もいました。

人は、あまりにつらい記憶は、抱（かか）えておくことができずに閉じこめてしまうことがあります。

それは、人が生き延びるための方法です。

記憶を閉じこめている、つまり性暴力の記憶を喪失している、そのあいだはもちろん、被害の認識を持つことはできません。

起きたことを「暴力だ」と気付くことは良いことなのか？

多くの人たちは、起きたことを「暴力だ」と認識できないあいだにも、こころやからだに、さまざまな影響がでています。

「消えたい気持ちになった」

「リスクの高い性的な行動をとるようになった」

「自分には価値がない気持ちになった」

「いやな感覚がフラッシュバック*した」

「人に言えない秘密に気持ちが重くなった」

など、その影響はいろいろな表現で語られます。


ずっと苦しくて、なぜ自分はこんなに苦しいんだろうと思い、相談した友人から「それは性暴力だよ」と言われたという方、学校の授業で知った方、いろいろな方がいらっしゃいます。

自分の身に起きたことが性暴力で、「その影響で苦しかったんだ」、と気がついた人は、

「そこですごく腑(ふ)に落ちた」

とおっしゃることもあれば、逆に、

「自分は被害を受けた人間なんだ、と苦しくなった」

とおっしゃることもあります。

＊過去のつらい体験の記憶が突然（ときには鮮明に）思い出されること。

第1章でも説明しました「性的手なずけ（性的グルーミング）」を受けた子どもたちにとって、それが性暴力だったのだと気が付くことは、自分が慕っていた相手から、人権を侵害されていたと気が付くことにもなります。

同意のない性行為のあと、コミュニティの中で生き延びるために、「それは性暴力ではない」、と思いこもうとしていた人にとっては、コミュニティにいることがとてもつらくなる場合もあります。

では、自分の身に起きたことが性暴力だと認識して、だから苦しくなったのならば、性暴力だと気が付かなければよかったのでしょうか。

被害当事者の方の思いもさまざまで、「気が付かなければ、こんなに苦しくならなかったのに」と思われる方もいらっしゃいます。

その気持ちの背景には、暴力だと認識してあらためて感じた、人に裏切られたことの悲しみや悔しさ、怒り、苦しみなど、いろいろな気持ちがひそんでいるのだろうと感じます。

あるいは、暴力だと気がついた後で、他人や社会から二次的な加害を受けたのかもしれません。

一方、気が付いてはじめて、人に相談しようと思えた、自分は悪くなかったんだと思えた、とおっしゃる方もいます。

気が付くことは痛みがともなったし、しばらくのあいだ、とても混乱して大変だったけれど、それでも、気付いていなかったときよりはずっと良い、とおっしゃる方もいます。

私たちの研究でも、それが「暴力だった」と気が付くことで、だれかに相談する、助けを求めるという行動がみられるようになることがわかりました。

「暴力だった」と気が付く、認識するということは、どのようなことでしょうか。その〝できごと〟は、境界線*を勝手に踏み越えるという暴力で、境界線を勝手に踏み越えてきた人、加害をした人に責任がある。あなたが悪いわけでも、あなたが弱かったわけでも、あなたが汚（きたな）くなったわけでもなく、相手があなたに暴力をふるったのだ。

それを明確にすること、それが、「暴力だった」と認識するということだと、考えています。

＊134ページ参照。

性暴力だという認識を持つことで、今の社会では、とても苦しい気持ちも生じるかもしれません。

しかし、当事者の方々のお話を聞いていると、とても大切なことだとも感じます。

性暴力だと認識を持ち、心が揺れるそのときに、その人のそばにいるだれかが、その揺れに寄り添ったり、そっと支えたり、痛みに耳を傾けたり、その人の望むありかたでそばにいる、それが自然に行われる社会になってほしいと思っています。

相談しなかった理由について

ここまで、起きたことを「性暴力だと気が付くこと」が難しい、というお話をしてきました。起きたことが性暴力だと気が付いていない場合には、人に相談すること、ましてや警察に相談することは、困難になります。

しかし、自分の身に起きたことが性暴力だと気が付いたとしても、人に相談

すること、警察に相談することは、とても難しいことです。

内閣府が令和2年（2020年）に行った調査*によると、無理やりに性交等をされた被害について、

・〈だれかに打ち明けたり相談したりした〉人は、全体の36・6％
・〈女性で、警察に連絡・相談した〉人は、5・6％
・〈男性で、警察に連絡・相談した〉人は、0％

でした。

相談しなかった理由としては、女性は（多かった順に）、

・〈恥ずかしくてだれにも言えなかったから〉
・〈自分さえがまんすれば、なんとかこのままやっていけると思ったから〉
・〈そのことについて思い出したくなかったから〉
・〈相談してもむだだと思ったから〉

と続きます。

男性は、

＊ 全国の20歳以上の男女5000人を対象として実施。有効回収数3438人（女性1803人、男性1635人）。内閣府男女共同参画局「男女間における暴力に関する調査報告書」（令和3年3月）より。

・〈相談してもむだだと思ったから〉
・〈自分さえがまんすれば、なんとかこのままやっていけると思ったから〉
が同数で最も多く、次に、
・〈世間体（せけんてい）が悪いと思ったから〉
・〈他人を巻き込みたくなかったから〉
が同数、そして、
・〈その他〉
と続きます。

同じく内閣府が令和4年（2022年）に、若年層（じゃくねんそう）に行ったアンケート調査*では、さまざまな性暴力について、相談の行動を尋ねています。

上に記した令和2年（2020年）の調査と比較するために、性交等をともなう被害に限定して記すと、
・〈どこ（だれ）にも相談しなかった〉人は、52・1％
・〈警察に相談した〉人は7・8％

＊全国16歳～24歳の男女を対象に行ったスクリーニング調査（有効回答数8941人）。内閣府男女共同参画局「若年層の性暴力被害の実態に関するオンラインアンケート及びヒアリング結果報告書」（令和4年3月）より。

でした。

相談しなかった理由としては、やはり最も多い順に挙げると、

・〈恥ずかしくてだれにも言えなかったから〉
・〈だれにも知られたくなかったから、心配をさせたくなかったから〉
・〈相談してもむだだと思ったから〉
・〈どこ（だれ）に相談してよいのかわからなかったから〉

と続きます。

被害を受けた人が非難されやすい社会

いまご紹介した調査では、選択肢から選ぶ形をとっているので、もし理由を自由に書いていただいたら、もう少し違う内容がでてくるかもしれません。

しかし、ひとまず、こうした調査の結果からわかることは、被害に遭った人の半分以上の人は、だれにも相談しておらず、ましてや警察に連絡・相談している人は、無理やりに性交等をされた人の、ごく一部だということです。

性暴力は暴力です。

加害をした人のほうに責任があるにもかかわらず、被害を受けた人が恥ずかしくてだれにも言えないと思ってしまうのは、なぜなのでしょうか。

被害を受けた人に、そう思わせているのは、だれ(あるいは何)なのでしょうか。

そして、被害を受けた人が相談してもむだだと思ってしまう社会とは、どのような社会なのでしょうか。

現在、文部科学省が、生命の安全教育として、性暴力について小学生、中学生、高校生に伝えていこうとしています。しかし、現在の日本は、「包括的性教育*」が行われておらず、性の話がしにくい社会であると感じます。

そのために、「性暴力」は「恥ずかしい」ことであるかのように、人々が思ってしまうのかもしれません。

ほかにも、相談がしにくい社会である要因はさまざまあると考えられますが、大きな一つとして、

「被害を受けた人が非難されやすい社会である」

* 「Comprehensive Sexuality Education」の訳語。ユネスコ(国連教育科学文化機関)が中心となって作成された『国際セクシュアリティ教育ガイダンス』(2009年、改訂版2018年)でも提唱されています。「性と生殖に関する健康、セクシュアリティ、行動、態度といったことに関する事実と科学的根拠」に立ち、「子どもや若者の権利も含む普遍的人権と、健康、教育、情報における平等と非差別に対するすべての人の権利の理解に基づき、またその理解を促進する」ことなどを目的としています。ただし日本では具体的な実践がなされていません。
(参考:ユネスコWebページ https://unesdoc.unesco.org/ark:/48223/pf0000374167)

ということがあげられると思います。

「性暴力」に対する社会の誤った認識 ――「二次的被害」の現実

性暴力の被害を受けた人に対して、周囲の人が傷つけるような言動をすること、あるいは、たとえば警察の捜査の過程などで、適切ではない対応をされて被害者が傷つくことを、「二次的被害」または「二次被害」「二次加害」「セカンドレイプ」などと言います。

表現はさまざまであり、それぞれに大切な意味がありますが、ここでは学術的な場面や法制度の中で使われている「二次的被害」という言葉を使います。

周囲の人からの二次的被害には、たとえば、

「被害者に責任があったんだ、と被害者を非難する言動」

「それは被害ではないのでは、嘘（うそ）をついているのでは、と被害を疑う言動」

「たいしたことがない、と被害を軽視する言動」

など、さまざまなものがあります。

この本を手に取ってくださった方は、そんなことは言っておられないかもしれません。しかし、たとえば、ＳＮＳでの被害を心配し、「スマートフォンの使い方に気をつけなさい」と伝えたとき、そこに「加害者が巧妙だから」という前提を伝えていないと、

「スマートフォンの使い方に気を付けていないから被害に遭うのだ」

というメッセージになってしまうことがあります。

あるいは、自己防衛や注意を促すために、

「女子は被害に遭いやすいから気を付けて」

ということがあるかもしれません。もちろん、防犯は大切なことで、大切なメッセージです。

しかしこれも、やはり、

「気を付ければ被害は防ぐことができる」

「気を付けていないから被害に遭った」

というメッセージになりかねず、さらには、

「男子は被害には遭わない、男子は気を付けなくてよい」

という、間違ったメッセージになりかねません。

もちろん、それぞれ心配しての言葉ですし、防犯に気を付けることは大切です。

しかし、こうした言葉を聞いていた人が被害に遭ったとき、「気を付けなかったからだ」と思ってしまうことが、実際にあります。

さらには、いまでも、

「酒を飲み過ぎてそんなに酔ったほうが悪い」

「本当の被害者がそんなに明るいわけがない」

「少しさわられたくらいで大げさな」

「加害者だって悪気（わるぎ）があったわけじゃない」

などの言動をする人も、社会の中には存在します。


二次的被害の背景には、ジェンダーに関する矛盾（むじゅん）した考えや、性暴力に対する、社会の誤った認識があると言われます。

なお、「性暴力に対する社会の誤った認識」のことは、専門的には、「レイプ神話」という言葉で表現されてきました。今回この本では「性暴力に対する社会の誤った認識」と表現します。

「女性は〇〇だ」「男性は〇〇だ」のもたらすもの ——「性の二重規範」という問題

まず、ジェンダーに関する矛盾した考えですが、「性の二重規範」と言われるものがあります。

たとえば、女性に対しては、性的な行為には積極的ではないほうが良い、性的に魅力的でありつつも、控(ひか)えめで恥じらいがあるほうが良い、とする考えが社会にあると言われます。

一方で男性に対しては、性的に積極的であることが良い、とする考えがあります。

こうした、女性と男性、それぞれへの考え方が、

「性的な行為に積極的な女性は、被害に遭っても仕方がない」

「性的な行為に積極的であるのだから、男性が被害者となるはずがない」

（男性は同意しているはずだ）

といった誤った考え方に影響していく場合があります。


また、「性暴力に対する社会の誤った認識」は、女性に対しても、男性に対しても、性的マイノリティに対しても存在します。

主に女性が被害者の場合、

「レイプは単なるセックスだ」

「被害者にも落ち度がある、抵抗すればレイプは防ぐことができる」

「女性はじつは、強引にセックスをされるほうがいい」

「男性はセックスなしではいられないから、レイプは仕方ない」

といったものがあげられます。


当然ですが性暴力は深刻な暴力であり、暴力はふるった側が悪いのです。

また、抵抗しても加害者がやめない、むしろ被害者がけがをする場合も多くあります。

同意のある関係での性行為と、意思が無視される性暴力は、まったく異なりますし、最後の「男性はセックスなしではいられないから、レイプは仕方ない」という認識は、男性にも大変失礼な認識です。

被害者が男性であることへの誤った認識

主に男性が被害者の場合の誤った認識には、たとえば、

「男性が性的被害に遭うはずがない」

「もし被害に遭ったとしても抵抗して防げるはずだ」

「女性が男性に対して性的な加害行為をするはずがない」

「被害者は同性愛者だ」

「男性が性的に機能していたということは、性的に興奮していたということだから、被害ではない」

「男性は女性よりも性的暴行の影響を受けにくい」

などがあります。

こちらも、当然のことですが、男性も被害に遭いますし、それは抵抗しても防ぐことがむずかしく、また、抵抗ができないことのほうが自然です。

女性も加害者となります。

女性が女性に加害をすることも、女性が男性に加害をすることも、ノンバイナリー*の人に加害をすることもあります。

また、被害を受けた人のセクシュアリティは、加害者には関係ありません。

そして、加害者は男性の被害者に対し、性暴力中に勃起や射精を促すことがあるということが研究でわかっています。暴力を受けた身体の反応は、同意の有無とは関係ありません。

男性被害者が受ける精神的影響も、もちろん大変深刻です。

＊36ページ参照。

セクシュアルマイノリティの被害者への誤った認識

ジェンダーやセクシュアリティには、さまざまな在りようがあります。そのため、〝セクシュアルマイノリティの人々〟として、さまざまなジェンダーやセクシュアリティの被害当事者を、ひとまとめにカテゴライズする（分けてしまう）ことに、葛藤もあります。

ただ、いまここでは便宜上、セクシュアルマイノリティの人が被害に遭った場合、として述べます。

セクシュアルマイノリティの人が被害者の場合には、たとえば、

「セクシュアルマイノリティは性的に奔放なはずだ」

（だから性暴力ではない、あるいは自業自得だ）

と言う場合があったり、レズビアンの人に、

「男性を知らないからそうなんだ」

と言ったり、性的行為に関心がない人に、

「だれだってセックスをしたいはずだ」

（だから、それは性暴力ではない）

と言う場合なども見られます。

これらも、事実に基づかない、誤った認識であることは言うまでもないことです。


このように、性暴力に対する社会の誤った認識は、いまの社会にもさまざま存在しています。

実際、友人や家族に相談して傷つくことを言われたという人、警察や検察で傷つく言動をされたという人、さらに、支援者からも理解のない言動をされたという人はいらっしゃいます。


自分の身に起きたことが性暴力かもしれないと思い、友人に相談したところ、

「それは性暴力ではないよ、あなたが相手についていったんでしょう」

と言われたならば、そこから先、もう相談しようとは思えなくなるでしょう。

意を決して警察に相談に行って、

「あなたにも悪いところがあったんでしょう」

と言われたら、二度と社会を信用できなくなるかもしれません。

そして、だれがどのように返事をするかわからない社会では、いつ自分が傷つくかわからず、性暴力をだれかに相談することは、とても難しくなります。

ふたたび「公訴時効」について

ここで、ふたたび、公訴時効の話に戻りたいと思います。

社会の中のイメージなど、さまざまな要因で、性暴力だと気が付くことが難しいということがあります。

そして、性暴力だと気が付いたとしても、たとえば家庭内の虐待などの場合には、大人になって自立し、加害者から離れて生活し、自分の人生に加害者が影響を及ぼさない、自分は安全だと思えてはじめて、被害を人に伝えられると

いうこともあります。

さらに、今の社会は、必ずしも、性暴力について相談しやすい社会ではありません。

諸外国では、性虐待の男性の被害者が、被害を最初に開示するまでに平均21・45年かかったという調査や、性虐待について、だれかに打ち明けるまでに女性で20・6年、男性で25・6年かかったという調査もあります。

性暴力被害についての調査では、調査時点が初めての開示であることがめずらしくありません。

自分の身に起きたことを性暴力だと認識しにくい*、あるいは、できごとの記憶を閉じこめてしまうことがある**、などの理由から、調査の実施も、慎重な配慮が必要です。

しかし、日本でも、しっかりと実態が把握され、検討を重ねることが必要だと考えています。

＊　72ページ参照。
＊＊　81ページ参照。

今は、動画や静止画像をはじめとして、客観的証拠となりうるものが残っている可能性もあります。

しかし、そうではない場合もありますし、公訴時効が伸びたとしても、客観的証拠がなく、警察に届け出ても、起訴されることが難しい場合も多いかもしれません（捜査の手続きは、しっかりと行われることが重要です）。

そうであったとしても、精神的後遺症が甚大であると言われる性暴力において、やっと自分に起きたできごとを暴力だと認識することができ、届け出られるようになったときには、警察に届け出る権利さえも失っていたとしたら、それは、とても理不尽なことことだと、私は思うのです。

第4章

性暴力のない社会を目指すために

2023年6月17日、前日16日の改正刑法の成立を伝える新聞
（右上から時計回りに、朝日、日経、東京、毎日、読売、産経の各紙）。

3つのレベルから考える

これまで、性暴力について、いくつかの点から述べてきました。性暴力は、被害を受けた人に大きな影響が及ぶできごとです。では、性暴力のない社会を目指すために、どうしたらよいのでしょうか。あるいは、もし性暴力に遭ったとしても、被害を受けた人が安心して生活していくことができる社会を目指すためには、どうしたらよいでしょうか。

私はこのことについて、

・個人（あるいは個人と個人のあいだ）
・集団（社会全体よりは小さなコミュニティ）
・社会（大きなコミュニティ）

という３つのレベルから考えてみたいと思います。

「個人（あるいは個人と個人のあいだ）」から考える

社会は、人が集まってつくられます。

そのため、ひとりひとりの意識が変われば社会が変わっていき、また、社会の中で、法律や制度、価値観などが変わっていくと、ひとりひとりの意識も変わっていきます。

社会と個人は、お互いに関係しあっています（心理学では、コミュニティ心理学という分野で、特にこうした考えをします）。

そのため、まず、ひとりひとりの意識や対応から考えてみます。

ここでポイントになることは、性暴力について知ること、トラウマ*について知ること、そして、それを知ったうえで人とかかわることです。

これは、専門的には、「トラウマインフォームドケア**」という枠組（わくぐ）みで語られることもあります。

* もともとギリシャ語で「きず」の意味。19世紀末に精神科医のフロイトが、ショックを受けた後に残る「心のきず」の意味でドイツ語（Trauma）として使い、以後この意味で広く使われています。
↓112ページ参照。

** 英語「Trauma-Informed Care」に基づきます。その頭文字から、「TIC」ともいいます。
↓116ページ参照。

この本を手に取ってくださって、そして、ここまで読み進めてきた方々は、内容についてどう思われたでしょうか。

「知っていることしか書かれていない」

と感じた方もいらっしゃるかもしれません。

「知らなかったことがたくさんあった」

と思われた方もいらっしゃるかもしれません。

しかし少なくとも、「どのようなことが性暴力か」に思いをめぐらせてくださったことと思います。

そして、性暴力というのはさまざまなプロセスで発生するということや、加害者が巧妙であるということ、性加害をふるわれると抵抗は難しいこと、性暴力は身近な人が加害者であることも多いこと、そうしたことは、ここまで読まれた方の共通認識になったことと思います。

性暴力について、ひとりひとりが認識を深めていくということは、大切なことです。

「どのような行為が性暴力か」がわかれば、「大切な人に、知らずに相手の意思を無視した性行為を行う」ということがなくなると思います。


私は、性的同意について話したときに、若い人々から、

「なぜ、もっと早くに自分たちはこうしたことを教えられてこなかったのか。自分は、相手の意思を無視するような性行為をして、大切にしたかった相手を傷つけてしまったかもしれない」

という感想や、また、

「友だちが話していたことは、性暴力だったのかもしれないけれど、私はそのとき、それに気付くことができなかった」

といった感想を受け取ることがあります。


少なくとも、性的自己決定とは何か、同意のない性的行為とはどのようなことか、そして、どのようなことが性暴力かを知っていくと、こうしたことは防ぐことができるのでは、と思います。

◆「あなたは悪くない」を伝える意味──「個人」から考える❶

また、性暴力がどのように起きるかを知っていると、性暴力に遭った人から相談を受けたときに、

「あなたは悪くない」

という言葉が出てくると思います。

第3章で記した通り、自分に起きたことを「性暴力だ」と気付き、人に相談することは、とても難しいことです。

しかし、それでもなお、あなたの身近な人が、性暴力について話してくださったならば、相手の安全を守りながら、相手の気持ちや意思を尊重しながら、「話してくれてよかった／あなたは悪くない／それは暴力だ」

と伝えていただきたい、と思います。

ただ、この「あなたは悪くない」という言葉は、難しい言葉です。

なぜならば、その言葉を伝える人が、

「なぜ被害を受けた人は悪くないのか」

「なぜこれは暴力なのか」

「なぜ加害者が悪いのか」

を、本当の意味で理解していないと、言葉が上滑り（うわすべ）してしまうからです。

今でも、「そんな短いスカートをはいているから痴漢（ちかん）に遭うんだよ」という人もいます。

「あなただって、一緒にお酒を飲んでいたんだから、相手がすべて悪いわけじゃないよね」という人もいます。

痴漢は、スカートが短くても長くても発生します。そもそも、短いスカートをはいていたとしても、人のからだを勝手にさわったほうが悪いのです。

そして、一緒にお酒を飲むことは、性行為への同意ではありません。

私は、授業や講演の中で、あるいは心理支援の中で、次のようなお話をすることがあります。

もし玄関が開（あ）けっ放（ぱな）しになっていて、だれも中にはいないお家（うち）があったとしても、他人の家に勝手に入ったら、入ったほうが悪いのです。同意なく他人の家に入ること、拒否されているのに入ることは、不法侵入です。犯罪です。

同じように、目の前に意識を失って眠っている人がいたとしても、その人に性行為や、わいせつなふるまいをしてはいけませんし、性行為をしたくないと言っている人には、性行為をしてはいけないのです。

こうしたことは、あまりにもあたりまえのように思えます。

しかし、「性暴力とはなにか、どのように起きるのか」がわかっていないと、被害を受けた人が悪いかのように思えてしまうことがあります。

心から、

「あなたは悪くない」

と伝えることができて、しかも、

「なぜ、あなたが悪くないと私は考えているのか」

を伝えられるということ。

そのためには、性暴力について知ることが大切です。

◆「トラウマ」を知る大切さ――「個人」から考える❷

さらに、トラウマ*について知ることも大切です。

性暴力は、深刻な〝心の傷つき〟（トラウマ）になり、こころとからだにいろいろな反応が起きることがあります。それを、「トラウマ反応」と言います。診断基準に当てはまった場合には、「心的外傷後ストレス障害（ＰＴＳＤ**）」と診断されることもあります。

トラウマ反応、あるいはＰＴＳＤの反応では、たとえば、性暴力のことがくりかえし頭に浮かんできたり、そのできごとを思い出させるものを避けたくなったりします。

眠れなくなり、イライラし、周りをとても警戒するようになることもあります。他人を信用できなくなったり、自分は弱い存在だと思ってしまったり、社会はとても危険だと思ってしまったりします。***

トラウマ反応について知っていると、たとえば、性暴力のあと、とてもイラ

＊ １０６ページも参照。

＊＊ 英語で「心的外傷後ストレス障害」を意味する「Post - Traumatic Stress Disorder」の頭文字で、しばしばこの表記が使われます。

＊＊＊ この本の中では、くわしく説明をしてきていませんが、トラウマ反応については、たとえば次のような本がわかりやすいと思います。

◎野坂祐子『トラウマインフォームドケア――〝問題行動〟を捉えなおす援助の視点』（日本評論社、２０１９年）、

◎白川美也子『トラウマのことがわかる本――生きづらさを軽くするためにできること』（講談社、２０１９年）、

◎齋藤梓・岡本かおり編『性暴力被害の心理支援』（金剛出版、２０２２年）

イラしているようにみえる人がいたら、

「理不尽に傷つけられたのだから、怒ることは当然のことだ」

「心がとても傷ついて、いっそう怒りがわいているのかもしれない」

と思うかもしれません。あるいは、

「理不尽に傷つけられたのだから、周りをいつも警戒しているのかもしれない」

「危険に備えるために気を張っているならば、イライラすることだってあるだろう」

と思うかもしれません。


または、性暴力に遭った子どもが、その後ずっとゲームをしていたら、

「もしかしたら性暴力のことがくりかえし頭に浮かんできて、それを考えないようにするために、ゲームをしているのかもしれない」

と考えられるかもしれません。

そうすると、頭ごなしに怒ったり、相手の様子を否定するのではなく、まず、

「なにが起きたのだろう」

「どうして、今のような状態になっているのだろう」

と考える視点が生まれます。それは、単に頭で理解するということではなく、その人の状態を、より深く理解する視点を持つということです。

たとえば、

「あんなに、危ない目に遭ったのに、まだ、ＳＮＳで知り合った人に会うのをやめないんです」

と、生徒を心配する先生がいたとします。

トラウマ反応について知ると、その生徒は、

「あんなに、危ない目に遭ったから」

「今度は大丈夫だと思いたくてそうしているのかもしれない」

あるいは、

「もうどうでもいいと、自暴自棄になってしまってそうしているのかもしれない」

または、

「危険と危険ではないことの境目が、わかりにくくなってしまっているのかもしれない」

と、「のに」ではなく、「から」（「あんなに、危ない目に遭ったのに」ではなく、「あんなに、危ない目に遭ったから」）と、トラウマの影響があるかもしれないと考えられるかもしれません。

さらに、それを、本人と共有してみます。

「とても理不尽な目にあうと、すごくイライラしてしまうようになることがあって、あなたが今イライラしているのは、この前の、ショックなできごとのこころの傷つきから来ているかもしれないと思うのだけれど、あなたは、自分の状態について、心当たりはありますか？」

と、こちらが「それはトラウマ反応だ」と決めつけるのではなく、まず本人と、今の状態について一緒に考えていくことが、大切です。

そして、本人が、自分のこころやからだの変化と、トラウマとなったできごとを結び付けて考えられるようになると、本人も、少し自分のことがわかり、ホッとすることがあります。

また、トラウマとなったできごととの結びつきがわかると、「じゃあイライラしたときに、すこし気持ちが落ち着くようなことをしてみよう」「自暴自棄になりそうなとき、ちょっと気分が変わるようなことをしてみよう」「今度は大丈夫だって思うのは、そうではないかもしれないと思ってみよう」と、対処方法を考えていくこともできます。

◆「トラウマインフォームドケア」とは――「個人」から考える❸

さきほど、「トラウマインフォームドケア」、という言葉を使いました。トラウマインフォームドケアなどというと、何か難しいケアだろうかと思われるかもしれません。

「インフォームド」(informed) とは、「相手と充分に理解し合って」ということ、「ケア」(care) は、ここでは「気にかける」ということです。

つまり、トラウマについて理解して、相手のトラウマの影響に気が付いて、その気付きを共有し、対処方法を一緒に考えて、頭ごなしに怒ったり否定したりしないで接していくことです。

もちろん、相手の状態を決めつけず、相手の話や相手の気持ちに耳を傾けながら接していくことが大切です。

このように、性暴力について知り、トラウマについて知り、その上で人とかかわるならば、お互いに傷つけあうことなく、また、たとえ性暴力にあったとしても、暴力を受けた人が二重三重に傷つくことなく、生活していくことができるとも思います。

コミュニティが姿勢を明確に示すということ

次に、社会全体よりは小さいコミュニティ、たとえば、家族や地域、学校、職場といったところを考えてみたいと思います。

私は、性暴力について、学校の先生などから、「どうしたら相談しやすくなりますか」と尋ねられることがあります。

ひとつには、学校が「性暴力を許さない」「被害を訴えた人を守る」という姿勢をうちだすことだと、私は考えています。

また、家庭でも、「子どもが相談しやすくなるにはどうしたらいいですか」と聞かれることもあります。

それも同じで、たとえば、テレビのニュースなどを見ているとき、被害者を責めるような言動はせず、

「被害者は悪くない」

「勇気をもって被害を言って、本当に良かった」

といった言動をして、子どもたちに、「自分の家族は性暴力について相談してほしいと思っているんだ」ということを伝える、ということがあります。

第3章でも、相談については書きましたが、性暴力の被害に遭った人が、そのできごとを誰かに相談することは、とても勇気がいることです。

被害に遭った人が、「傷つく言葉を返されるかもしれない」と不安に思うか

らです。

だからこそ、相談した人が確かに守られる、性暴力を許さないから相談してほしいのだ、と伝わることは、とても大切だと思っています。

やはり第3章で示したように、この社会には、「性暴力に対する誤った認識*」が存在します。

そうした誤った認識がなくなり、相談した人が、

「それは暴力だよ」

「専門のところに相談にいこう」

「どこかに行くならついていくよ」

「話がしたいなら話を聞くよ」

と、かえしてもらえるならば、この社会はもっと、性暴力の被害に遭ったとしても生活していきやすい社会になるだろうと思います。

コミュニティが姿勢を明確にうちだすことは、暴力を抑止（よくし）するためにも重要です。

* 91ページ（以降）参照。

性暴力のない社会を目指していくためにも、大事なことなのです。

「社会（大きなコミュニティ）」から考える

ひとりひとりの認識が変わり、集団が変わっていくと、社会も変わります。

また、社会が変わり、研修などが行われて集団の認識が変わっていくと、さらにひとりひとりの認識も変わっていきます。


「社会」

というと、なんだか遠い気がするという人もいるかもしれません。

「社会なんて変わらないのでは？」

と思う人もいるかもしれません。

しかし、たとえば、皆さんは今、「ＳＮＳ」（ソーシャルネットワークサービス）という言葉を知り、使っています。それは、20年前には考えられないことでした。

あるいは、皆さんは、「セクハラ」という言葉を知っています。

40年前には、〝セクシュアルハラスメント〟という言葉を知る人は、あまりいませんでした。

しかし、セクシュアルハラスメントについて、被害に遭った方々や支援者の方々が、その言葉や実態を社会に伝えていきました。

そして、今では、多くの人が知り、問題があるのだと知られて、法律や対策*がたてられるようになりました。

社会は、少しずつ、ちゃんと変わってきていると感じます。

多くの人の「声」が社会にとどいた

そして、社会が変わることは、とても大切なことです。

2023年6月、性犯罪の法律は変わりました。

そのきっかけは、一つには、2017年の改正のときに、3年後に見直しをすることを考えましょう、という約束があり、実態把握の調査が行われたことです。**

* たとえば「男女雇用機会均等法」も、制定当初は性差のない雇用自体が努力義務でした。しかし、国民からの要請などにより改正が検討され、2006年に改正法が成立、2007年に施行されました。これにより、差別のない雇用が義務化され、事業主に対し、労働者（男女とも）への「セクシュアルハラスメント防止のための雇用管理上の措置」が義務付けられました。守られない場合、事業主は損害賠償請求の対象になります（民事事件）。また、セクシュアルハラスメントの加害者は現在、（第2章で説明したような）「不同意わいせつ罪」や「不同意性交等罪」などで起訴される可能性があります（刑事事件）。

** 37ページ参照。

この「約束」が入るまでには、性暴力の被害当事者の方々の、そして支援者の方々の努力がありました。

また、きっかけの一つには、2019年に、性加害者に対する無罪判決がつづき、多くの人が「おかしいのではないか」と声をあげたこともあったと思います。*

2019年の3月、無罪判決がつづいたとき、私は、ふだんは性暴力なんてまったく話題にのぼらない、ほかのことを専門とする大学の先生から、「あの問題、どういうこと？　おかしくない？」と聞かれました。私はとても驚きました。

今まで、こうした問題があることを知らなかった社会の多くの人が、問題を知っているということに。

無罪判決が新聞の記事になったこと。

これまで性暴力の被害を受けてきた多くの人が声をあげたこと。

その背後には、声をあげてはいなくとも、多くの被害者の人々がいたこと。

＊第2章でくわしく説明しました（44～45ページ）名古屋地裁岡崎支部が下した無罪判決（女性Xさんに対する実父の性暴力事件）と、それに続いた各地裁での判決。

そして、社会の多くの人が、問題に気が付いたこと。

それが、社会の性暴力への認識を深め、法律が変わるきっかけになったと考えています。

法律が変わること、支援が進むこと

では、性暴力のない社会、そして、もし性暴力に遭ったとしても、ちゃんと支援を受けられる、安心して生活していくことができる社会になるために、どうしたらよいでしょうか。

いろいろな観点から考えられると思いますが、ここでは大きく、２つのことに触れたいと思います。

ひとつは、法律が変わることです。

２０１７年、刑法が改正され、「監護者性交等罪＊」「監護者わいせつ罪＊」ができたことで、社会の、家庭内での性虐待に対する認識が変わってきたことを感じます。

＊「監護者」（実親・養親をふくめ、子どもと生活を共にして身の回りの世話をする者）による、18歳未満の子どもに対する性加害が対象。
↓43ページ参照。

法律が変わり、男性の性暴力も、ニュースで取り上げられるようになってきました。

また、第1章の最初にお話ししたように、2023年に刑法がさらに改まり、「面会要求等罪」が成立しました。

そして、第2章で説明したように、「強制性交等罪」と「準強制性交等罪」は、「不同意性交等罪*」に改正されました。

法律は、社会の変化を追うものである必要があります。

しかし、法律が変わることで、社会が変わっていく側面もあると思います。

そして2つめは、支援が進んでいくことです。

全都道府県に存在する、公的な「性犯罪・性暴力被害者のためのワンストップ支援センター**」や、民間の「被害者支援センター***」は、まだまだ、あまり知られていません。

これらの支援機関には、まだ課題もさまざまあります。しかし、社会に支援の重要性が知られ、国が動き、支援の充実が図られていくと、課題が解決して

＊それまでの「強制性交等罪」と「準強制性交等罪」をまとめて一本化し、性加害の実態や、被害者の実状に、より配慮して改正。→38ページ（以降）参照。

＊＊行政が関わる性犯罪・性暴力に関する相談窓口。産婦人科医療やカウンセリング、法律相談などの専門機関とも連携。
◎全国共通番号「#8891」。都道府県ごとの支援センターの一覧は、https://www.gender.go.jp/policy/no_violence/seibouryoku/pdf/one_stop.pdf

＊＊＊公益社団法人「全国被害者支援ネットワーク」が連携する支援組織が都道府県ごとにあります。
◎犯罪被害者等電話相談
0570-783-554
毎日7：30～22：00
（12/29～1/3を除く）
Webページは、
https://www.nnvs.org/shien/list/

いき、より多くの人が支援を受けられる社会になっていくと思います。

このように、法律が変わること、支援が変わることという、大きな点があげられます。

しかしもちろん、これ以外にも、考えていくべきことはたくさんあります。

ひとりひとりが関心を持つ

性暴力を取り巻く問題はまだまだたくさんありますが、ひとりひとりが関心を持つことで、集団や社会にも変化があらわれます。

そして社会が変わると、流れる情報も変わり、集団が変わり、ひとりひとりの意識が変わっていきます。

性暴力について、適切な認識を多くの人が持ち、性暴力のない社会になっていくこと、被害に遭っても適切な支援を受けられる、生きやすい社会となっていくこと。

私も、考え続けていきたいと思っています。

そして、この本を手に取ってくださった方も、考え続けていただけたらと思います。

この本に記載したことは、性暴力の、ほんの基本的な一部分です。

もっと、性暴力についていろいろな方に知っていただき、一緒に考えていただきたいと思っています。

[第３章]

○内閣府『令和２年度 男女間における暴力に関する調査 報告書』、2021 年

○内閣府『若年層の性暴力被害の実態に関するオンラインアンケート及びヒアリング結果報告書』

○Sagebin Bordini, G., Sperb, T.M. Sexual Double Standard: A Review of the Literature Between 2001 and 2010. Sexuality & Culture 17, 686–704（2013）. https://doi.org/10.1007/s12119-012-9163-0

○Hayes, R. M., Lorenz, K., & Bell, K. A.（2013）. Victim Blaming Others: Rape Myth Acceptance and the Just World Belief. Feminist Criminology, 8（3）, 202-220. https://doi.org/10.1177/1557085113484788

○宮﨑浩一・西岡真由美『男性の性暴力被害』、集英社新書、2023 年

○Chapleau, K.M., Oswald, D.L., Russell, B.L., 2008, Male Rape Myths：The Role of Gender, Violence, and Sexism, Journal of Interpersonal Violence.

○Walfield, S. M.（2021）. "Men Cannot Be Raped": Correlates of Male Rape Myth Acceptance. Journal of Interpersonal Violence, 36（13-14）, 6391-6417. https://doi.org/10.1177/0886260518817777

○Easton, S.D., Childhood disclosure of sexual abuse and mental health outcomes in adulthood: Assessing merits of early disclosure and discussion, Child Abuse of Neglect 93; 208-214. 2019.

○Royal Commission into Institutional Reponses to Child Sexual Abuse, Final Report, Identifying and disclosing child sexual abuse, https://www.childabuseroyalcommission.gov.au/identifying-and-disclosing-child-sexual-abuse

[第４章]

○野坂祐子『トラウマインフォームドケア ―"問題行動"を捉えなおす援助の視点』、日本評論社、2019 年

参考文献

[全体]

○齋藤梓・大竹裕子編著『性暴力被害の実際——被害はどのように起き、どう回復するのか』、金剛出版、2020年

[第１章]

○Lang, R.A., Frenzel, R.R. How sex offenders lure children. Annals of Sex Research 1, 303–317 (1988). https://doi.org/10.1007/BF00852802

○Conte, J.R., Sorenson, E., Fogarty, L. and Rosa, J.D. (1991), EVALUATING CHILDREN'S REPORTS OF SEXUAL ABUSE: Results from a Survey of Professionals. American Journal of Orthopsychiatry, 61: 428-437. https://doi.org/10.1037/h0079264

○O'Connell, R. (2003). A Typology of Cyber Sexploitation and Online Grooming Practices. Preston: University of Central Lancashire.
http://image.guardian.co.uk/sys-files/Society/documents/2003/07/24/Netpaedoreport.pdf

○Black, P. J., Wollis, M., Woodworth, M., & Hancock, J. T. (2015). A linguistic analysis of grooming strategies of online child sex offenders: Implications for our understanding of predatory sexual behavior in an increasingly computer-mediated world. Child Abuse & Neglect, 44, 140–149. https://doi.org/10.1016/j.chiabu.2014.12.004

○Winters, G. M., Kaylor, L. E., & Jeglic, E. L. (2021). Toward a universal definition of child sexual grooming. Deviant Behavior. Advance online publication.

[第２章]

○日本財団 子どもの生きていく力サポートプロジェクト『日本財団第５回自殺意識調査』報告書、2023 年

○Marx, B. P., Forsyth, J. P., Gallup, G. G., Fusé, T. & Lexington, J. M. Tonic immobility as an evolved predator defense: Implications for sexual assault survivors, Clinical Psychology: Science and Practice, 15; 74-90. 2008.

おわりに

まず、本書を手にとっていただき、そしてここまで読んでくださって、本当にありがとうございます。

読んでいる途中で、いろいろな思いが胸に去来したかもしれません。

それは、怒りだったり、不安だったり、戸惑いだったりするかもしれませんし、また別の感情かもしれません。

腑に落ちると思ってくださる方や、共感してくださる方もいらっしゃるかもしれませんが、一方で、納得がいかない、理解しがたい、と思われた方もいらっしゃるかもしれません。傷つく気持ちになった方もいらっしゃるかもしれません。

本を執筆するときも、論文を執筆するときも、自分の手を離れて出版された瞬間に不安になります。

あるいは、新聞等の取材に答えるときも同じです。それは、その情報を受け取った方の気持ちを、想像することしかできないからです。

もちろん、知り合いの人など、直接感想を伝えてくださる方もいらっしゃって、その場合には、それを受け止め、自分自身で考えていくことができます。

しかし多くの場合、情報を受け取ってくださる方に直接お会いすることはできません。

どうか、心が痛むなと感じられたときには、お茶を飲んだり、緑を眺めたり、温かいお湯につかったり、安心できるだれかと話したり、ご自分にとって、こころがホッとすることをしていただければと思います。

暴力について考えるということは、自分が過去に受けた傷つきや、自分が過去に与えてしまった（かもしれない）傷つきに目を向けていくということであり、とても難しいことだと感じます。

私も、性暴力や、犯罪被害に関わる問題に取り組み続けていますが、いつも、自分自身の中にある、後悔や自責や、無力感や怒りを、どうしたらいいのかなと考えています。

だからこそ、性暴力について考えるために、という本書を、どんな気持ちで読んでいらっしゃるのかと心配になります。

しかし、この本にさまざま書いた内容は、今、現実に起きていることです。

今、この瞬間にも被害に遭っている方がいるかも知れません。

過去に受けた被害によって、今、傷つき続けている方々もいらっしゃいます。理不尽なできごと、理不尽な社会に傷つく人が、ひとりでも少なくなっていくように、私自身、努めたいと思っていますし、本書がそのことを考える一助になるならば、と思っています。

＊

この「おわりに」の中で、もう少し、いろいろと書かせていただければと思います。

本書では、「はじめに」でも書きましたように、内容を絞って書いています。そのため、大切なことだけれど書かれていない、ということもさまざまあります。

たとえば、「境界線[＊]」という概念について。

《境界線とは、自分のこころやからだが安全である、安心できる状態でいるために、自分のこころやからだ、持ち物、空間、時間などに引く、想像上の線のことです。

＊85ページ参照。

人はそれぞれ「心地(ここち)よく話せる距離感」「自分の時間の使い方」「人にさわられてよいものとさわられたくないもの」など、境界線が違っています。相手の安全や、安心を尊重するために、お互いの境界線を尊重することが大切です。

「このくらいの距離で話してもいいかな」「からだにさわってもいいかな」「明日、遊びに行きたいけれど、どうだろう」、私たちはふだん、この境界線をあたりまえに尊重していると思います。

しかし、ときに、その境界線をこちらの気持ちを無視して踏み越えてくる人がいます。性暴力は、まさに、からだやこころ、そして性の境界線を勝手に侵害した、暴力です。》

私は、講演などを行うとき、このようなことを、もう少していねいに、時間をかけてお話しすることがあります。

あるいは、性暴力がもたらす心身への反応について。

《トラウマティックな体験はさまざまありますが、その中でも性暴力は、精神的後遺症が深刻であると言われます。

思い出したくないのに思い出してしまう、できごとに関係するものに近よることができない、眠れない、イライラする、といった「トラウマ反応[*]」と呼ばれる心身の影響がでる場合もあります。

それだけではなく、苦しいことを考えたくないのでスマートフォンやSNSを手放すことができない、アルコールや薬で自分をぼんやりとさせたり、あるいは自分を傷つけたりして、なんとか生き延びようとする、自暴自棄になって、あるいはだれかを傷つけることで傷つけられた自尊心を取り戻したくなって、性問題行動をおこなってしまう、不安や怖さから人と親密な関係を築けない、といったような、生活全般におよぶ影響があらわれることもあります。

それらは、その人が弱いとか、変わってしまったなどではなく、性暴力による傷つきの影響なのです。》

といったことを、説明することもあります。

そして、可視化されない性暴力について。

《性暴力は、ジェンダーやセクシュアリティを問わず発生します。

＊ 112ページ参照。

特に、性的マイノリティの方や、あるいは、何らかの社会的マイノリティの属性を持っている方は、性暴力にさらされるリスクが高いことがわかっています。

女性が被害者の場合の性暴力であっても、暗数*は大変多く、まだまだ可視化されていない暴力がたくさん存在します。たとえば、上下関係を利用した性暴力や、障害を利用した性暴力は、これまで、警察に届け出られること、事件として立件されることの少ない暴力でした。あるいは、集団からの性暴力は、２０１７年の改正で集団強姦罪がなくなったことで**、見えにくくなっているかもしれません。

男性が被害者の場合の性暴力、あるいは、性的マイノリティが被害者の場合の性暴力、そして、何らかの社会的マイノリティの属性を持っている方が被害者の場合の性暴力、取り組んでいく必要があることがらは、さまざまあります。》

といった点についても、考えていく必要があります。

他にも、この本に書ききれていない、本当に多くのことがあります。

＊ 公的機関が認知している件数には表れない、実際に生じている件数のこと。

＊＊ 「集団」による「強姦」は今も犯罪です。２０１７年、「強姦罪・準強姦罪」が「強制性交等罪・準強制性交等罪」に変更された際に、法定刑が重罰化（３年以上の懲役→5年以上の懲役）されたことにともなって、「集団強姦罪」（4年以上の懲役）は「強制性交等罪・準強制性交等罪」に組みこまれた、とされます。さらに、２０２３年に「強制性交等罪」と「準強制性交等罪」は統合され、「不同意性交等罪」となりました。→33ページおよび、37ページ参照。

性暴力には多様な問題が含まれているので、私の視点からは見えていない問題も、たくさんあります。

このところ、性暴力に関する本の出版は増えていると感じています。本文でも書きましたが、関心を持ってくださった方は、被害の当事者の方が出版された書籍をはじめ、出版されている他の本にも目を通していただけますと有り難いです。

*

最後に、法律の関わる部分についてご確認くださいました、弁護士の上谷さくら先生、ご多忙のところご対応をいただき、本当にありがとうございました。

また、私がこうしてこの問題に取り組み続けていられるのは、問題に取り組み続ける被害当事者の方々や先達の皆さま、一緒に働く仲間、あるいは、同じ領域で研究や支援を続ける仲間の存在があってのことです。

本当に、いつも感謝をしております。ありがとうございますそして、大きな熱意をもって性暴力の問題について考え、執筆を支えてくださった、一藝社の松澤隆氏に、心よりお礼を申し上げます。筆が遅く、大変ご迷惑をおかけいたしました。

砂漠に水をまくような気持ちになることもありますし、一歩進んだと思ったら三歩下がっていた気持ちになることもありますが、心理職として、できることを行っていきたいと思っています。

本当に、お読みくださって、ありがとうございました。

２０２４年１月

齋藤　梓

［著者紹介］

齋藤　梓（さいとう・あずさ）

上智大学総合人間科学部心理学科准教授。

上智大学大学院博士後期課程単位取得退学、博士（心理学）、臨床心理士、公認心理師。臨床心理士として精神科クリニックや感染症科（HIV カウンセラー）、小中学校（スクールカウンセラー）に勤務。また、東京医科歯科大学難治疾患研究所で技術補佐員として PTSD の治療効果研究に携わり、公益社団法人被害者支援都民センターでは殺人や性暴力被害等の犯罪被害者、遺族の精神的ケア、およびトラウマ焦点化認知行動療法に取り組む。2014年性犯罪の罰則に関する検討会委員、2017年法制審議会刑事法（性犯罪関係）部会幹事、2020年性犯罪に関する刑事法検討会委員、2021年法制審議会刑事法（性犯罪関係）部会委員。

装丁——アトリエ・タビト

性暴力についてかんがえるために

2024年3月5日　　初版第1刷発行

著　者　　齋藤　梓

発行者　　小野 道子

発行所　　株式会社 一 藝 社
〒160-0014 東京都新宿区内藤町1－6
TEL 03-5312-8890
FAX 03-5312-8895
振替　東京 00180-5-350802
E-mail : info@ichigeisha.co.jp
HP : http://www.ichigeisha.co.jp

印刷・製本　　モリモト印刷株式会社

ISBN 978-4-86359-280-3 C0036